超循环理论下

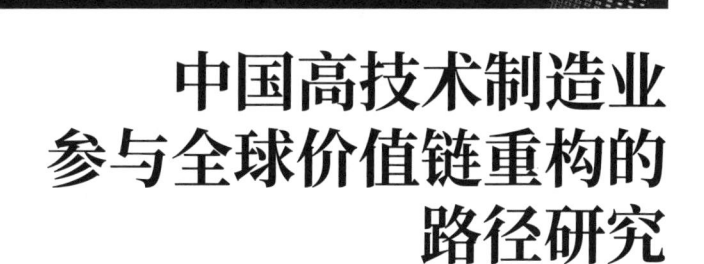

中国高技术制造业
参与全球价值链重构的
路径研究

宋怡茹 ◎ 著

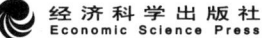

中国财经出版传媒集团
经济科学出版社
Economic Science Press
·北京·

图书在版编目（CIP）数据

超循环理论下中国高技术制造业参与全球价值链重构的路径研究 / 宋怡茹著. -- 北京：经济科学出版社，2025.5. -- ISBN 978-7-5218-7031-2

Ⅰ.F426.4

中国国家版本馆 CIP 数据核字第 2025AU0246 号

责任编辑：撒晓宇
责任校对：孙　晨
责任印制：范　艳

超循环理论下中国高技术制造业参与全球价值链重构的路径研究

宋怡茹　著

经济科学出版社出版、发行　新华书店经销
社址：北京市海淀区阜成路甲 28 号　邮编：100142
总编部电话：010-88191217　发行部电话：010-88191522
网址：www.esp.com.cn
电子邮箱：esp@esp.com.cn
天猫网店：经济科学出版社旗舰店
网址：http://jjkxcbs.tmall.com
北京季蜂印刷有限公司印装
710×1000　16 开　9.75 印张　150000 字
2025 年 5 月第 1 版　2025 年 5 月第 1 次印刷
ISBN 978-7-5218-7031-2　定价：42.00 元
(图书出现印装问题，本社负责调换。电话：010-88191545)
(版权所有　侵权必究　打击盗版　举报热线：010-88191661
QQ：2242791300　营销中心电话：010-88191537
电子邮箱：dbts@esp.com.cn)

前　言

金融危机爆发以来，全球经济缓慢复苏，发达国家纷纷推出了制造业再兴战略。中国也出台了旨在提升中国高技术产业竞争力的国家战略——《中国制造2025》。全球价值链（global value chains，GVCs）在多重冲击下加速重构，形成"慢全球化"背景下的新范式：发达国家通过"再工业化"战略强化技术壁垒，新兴经济体则借助区域价值链（regional value chains，RVCs）争夺链主地位。中国高技术制造业作为GVC的关键参与者，既面临"低端锁定"与"高端挤出"的双重困境，又遭遇"逆全球化"浪潮下国际经贸规则重构的严峻挑战。这种结构性矛盾在百年未有之大变局中愈发凸显。例如美国《芯片与科学法案》、美国对等关税政策等加速技术脱钩，使得中国在全球价值链中面临前有堵截（发达国家高端封锁）、后有追兵（新兴经济体低成本替代）的夹击态势。

当前全球价值链重构呈现三大特征，为中国高技术制造业提供了价值链突围窗口：第一，数字技术革命、智能制造、工业互联网等技术投入促使高技术制造业向价值链下游延伸，削弱传统链主的区位锁定优势；第二，技术民族主义和本土制造催生产业链"短链化"，加强本国价值链的全产业链价值链的控制能力；第三，亚太、北美、欧洲形成"三足鼎立"的区域价值链体系，使中国可以通过"一带一路"主导新型价值链体系。这些变化要求中国高技术制造业突破"单一环节升级"的路径依赖，转向"三重路径协同"的系统重构：主动嵌入全球价值链、被动接入本土价值链与主导创建区域价值链。

然而，路径跃迁的实现需要匹配动态能力构建：企业、产业以及国家的组合发力。因此，亟须引入超循环理论分析框架讨论企业、产业和国家三大系统的迭代反馈机制，解释中国从"被动嵌入"到"主动重构"的范式跃迁。

本书主要包括以下几个方面：（1）界定全球价值链重构的内涵，对全球价值链重构的方式、动力进行阐述，进而构建企业—产业—国家的全球价值链重构的超循环理论框架。（2）探讨高技术制造业参与全球价值链重构的现状。（3）总结中国高技术制造业参与全球价值链重构的主动嵌入、被动接入和主导创建三种方式，并基于超循环理论框架进行分析诠释。（4）基于增加值显性比较优势指数测度中国高技术细分制造业并为高技术制造业设计重构路径。（5）以中国通信产业为例，分析从被动嵌入国内价值链到主导创建区域价值链的超循环重构路径。

本书得出以下三个主要结论：

第一，参与全球价值链重构主要有主动嵌入、被动接入和主导创建三种主要方式。主动嵌入的重构方式是一国嵌入原有价值链并在价值链上向创造更高价值的环节移动、生产更高价值的产品，目的是追求更高的生产率；被动接入方式是一国将价值链的所有环节控制在本国范围内生产；主导创建的重构方式是一国跨链条或者跨产业创造或者主导价值链，通过链条转换，进入新的产品价值链获取更高的价值和链条主导权的方式。

第二，中国高技术制造业的重构路径受其产业特性、全球竞争环境、产业发展目标以及政府战略的影响，重构的路径存在差异。(1) 嵌入原始全球价值链路径：产业沿着价值链方向，分别向两端攀升，借助提高技术创新和研发能力，延长价值链长度。(2) 构建国家价值链路径：部分高技术制造业在进行功能升级和链条升级时遇到障碍，因此中国高技术制造业暂时放缓全球价值链的融入度，优先致力于提高产品在国内的附加值，逐步发展和培育自身的高级要素，主动构建国家价值链，改变本国产业竞争优势。(3) 主导区域价值链路径：中国高技术制造业已经在上游或者中游有一定的价值增值和价值创造能力，未来价值链重构的发展路径在于对于整条价值链的控制，主导区域价值链。(4) 国家价值链和区域价值链的混合发展路径：在构建国家价值链，改变本国产业竞争优势之后，以一定的价值增值和价值创造能力主导区域价值链。

第三，中国高技术制造业参与全球价值链重构存在超循环演化过程。高技术企业内部业务单元在进行业务重构的同时保证内部有序而简单地循环，将其重构能动力循环传导到相关企业，影响其相关上下游企业的竞争力；中国高技术制造业价值链的催化循环拓展到全球价值系统中，某条产业价值链的重构活动推动相关价值链竞争力改变，功能耦合并相互提供催化，形成一个从企业内部到整条产业再到整个全球价值链系统的超循环系统，改变着中国高技术制造业在整个全球价值链体系的分工格局。

本书在以下三个方面进行了拓展研究：

第一，尝试建立特定行业全球价值链重构的分析框架。由于高技术制造业不同于传统产业的特性，全球价值链重构研究需要更多考虑产品价值链的形态和国家在价值链的利润分配，本书研究全球价值链升级和全球价值链重构，整合工艺升级、产品升级、功能升级和跨产业升级四种升级模式，提出企业价值链重构、产业价值链重构和国家价值链重构逐渐递进的研究层次和主动嵌入、被动接入、主导创建三种方式。

第二，首次运用超循环模型分析中国高技术制造业参与全球价值链重构的过程。全球价值链重构是基于已有的全球价值链分工基础上再分工的动态演化的过程。本书将从全球价值链视角，观测企业内部结构变化，认为企业内部的变化推动产业链条的形态变化，不同产业链条的变化相互循环，推动全球价值链重构的发生。运用超循环模型能更好地分析不同产业、企业在参与到全球价值链重构的动态演化过程。

第三，创新地提出中国主导高技术制造业参与全球价值链重构的链条转换和路径选择。本书提出中国高技术制造业参与全球价值链重构过程中的路径选择，进而运用 ADB 数据库，选取五类高技术制造业，以产业增加值显性比较优势指数（VRCA）为依据，确立了产业参与全球价值链重构的路径。此结论对双循环背景下中国高技术制造业产业竞争力重塑，突破"中等技术陷阱"、构建新发展格局具有一定的指导意义。

目　　录

第一章　绪论 · 1
　　第一节　选题背景与意义 · 1
　　第二节　研究方法与研究内容 · 4

第二章　全球价值链重构研究的相关文献综述 · 7
　　第一节　全球价值链的研究现状 · 7
　　第二节　全球价值链重构研究进展 · 17
　　第三节　高技术制造业国际分工研究进展 · 21
　　第四节　简要述评 · 25

第三章　全球价值链重构的超循环理论框架 · 27
　　第一节　全球价值链重构的原因与内涵 · 27
　　第二节　全球价值链重构的方式 · 30
　　第三节　全球价值链重构的动力 · 42
　　第四节　全球价值链重构的超循环过程 · 46

第四章　高技术制造业参与全球价值链重构现状 · 52
　　第一节　增加值核算框架 · 52
　　第二节　全球价值链重构能力 · 58

第三节　全球价值链重构程度 …………………………………… 64
第四节　中国高技术制造业参与全球价值链重构现状 ………… 76

第五章　中国高技术制造业参与全球价值链重构的方式 ………… 81

第一节　主动嵌入全球价值链 …………………………………… 84
第二节　被动接入国内价值链 …………………………………… 87
第三节　主导创建区域价值链 …………………………………… 89

第六章　中国高技术制造业参与全球价值链重构路径选择 ……… 94

第一节　一国参与全球价值链重构路径选择的分析框架 ……… 95
第二节　中国高技术制造业参与全球价值链重构路径选择 …… 99

第七章　中国通信产业参与全球价值链重构的案例分析 ………… 107

第一节　通信产业全球价值链分工及中国通信产业全球价值链
　　　　 分工位置 ………………………………………………… 107
第二节　中国通信企业参与全球价值链重构的路径：
　　　　 以华为为例 ……………………………………………… 112
第三节　路径总结：从被动嵌入国内价值链到主导创建
　　　　 区域价值链 ……………………………………………… 116

第八章　总结与政策建议 ……………………………………………… 124

第一节　主要结论 ………………………………………………… 124
第二节　研究的创新点 …………………………………………… 127
第三节　研究展望 ………………………………………………… 128

参考文献 ……………………………………………………………… 129

第一章 绪　　论

第一节　选题背景与意义

一、选题背景

随着移动互联网、物联网、云计算和大数据等新一代信息技术的发展，高技术制造业的制造模式和组织模式发生了重大变革，促使价值链在全球范围内分解、融合和创新，国际产业分工的"微笑曲线"发生严重变形，各环节的附加值发生相应变化，全球价值链（global value chains，GVCs）在多重冲击下加速重构，形成"慢全球化"背景下的新范式：发达国家通过"再工业化"战略强化技术壁垒，新兴经济体则借助区域价值链（regional value chains，RVCs）争夺链主地位。中国高技术制造业作为GVC的关键参与者，既面临"低端锁定"与"高端挤出"的双重困境，又遭遇"逆全球化"浪潮下国际经贸规则重构的严峻挑战。这种结构性矛盾在百年未有之大变局中越发凸显。例如美国《芯片与科学法案》等政策加速技术脱钩，使得中国在全球价值链中面临"前有堵截"（发达国家高端封锁）、"后有追兵"（新兴经济体低成本替代）的夹击态势。

当前全球价值链重构呈现三大特征，为中国高技术制造业提供了价值链突围窗口：第一，数字技术革命、智能制造、工业互联网等技术投入促使产业链向下游延伸，削弱传统链主的区位锁定优势；第二，技术民族主义和本土制造催生产业链"短链化"，加强本国价值链的全产业链的控制能力；第三，亚太、北美、欧洲形成"三足鼎立"的区域价值链体系，使中国可通过"一带一路"主导新型价值链体系。这些变化要求中国高技术制造业突破"单一环节升级"的路径依赖，转向"三重路径协同"的系统重构：主动嵌入全球价值链、被动接入本土价值链与主导创建区域价值链。

然而，路径跃迁的实现需要匹配动态能力构建，即企业、产业以及国家的组合发力。因此，亟须引入超循环理论分析框架讨论企业、产业和国家三大系统的迭代反馈机制，解释中国从"被动接入"到"主动重构"的范式跃迁。

二、选题意义

产业成长的研究长期停留在生产要素投入规模与结构的讨论上。在现实经济中，随着企业规模的不断扩大，技术的进步、模块化生产方式的出现和物流体系的进化，价值创造方式也在发生变化。国际分工的主导形式由产业间分工转向产业内分工，再到产品内分工。欧、美、日等发达经济体将发展中心转移到自身的核心竞争环节或产业的核心环节，韩国等新兴工业经济体的企业结合自身竞争优势迅速嵌入价值链其他环节，产品各价值环节在不同国家和地区之间的空间配置形成 GVCs。

改革开放以来，中国凭借资源禀赋和人口红利等要素优势嵌入了 GVCs 的低端附加值环节，人均收入、技术水平仍然处于较低水平，存在低端锁定风险。相比于传统产业，中国的高技术制造业的链条形态坡度更陡，存在更加严重的地位失配问题。近年来，中国劳动力人口规模增长缓慢并出现负增长趋势，同时劳动力薪酬逐年提升导致劳动力成本上升，尤其对于技术密集型产业来说，高劳动力成本与低产业利润回报倒逼传统高技术企业向"工业4.0"方向发展。在经济全球化背景下,新兴经济体企业以什么方式融入世界经济是一个极其重要并影响未来世界经济格局的问题。许多处于 GVCs 低端的新兴经济体企业充分利用自己的优势,实现转型升级,成为在全球范围整合资源的主导企业。中国产业经过多年快速发展,当前尚未摆脱在 GVCs 的中低端定位。随着生产要素成本优势的消失,中国高技术制造业只有借助于 GVCs 重构的机遇,才能摆脱 GVCs 低端陷阱,进而成为 GVCs 的控制者。

本书旨在综合运用国际经济学、产业经济学和管理学的理论和方法,构建 GVCs 重构的分析框架,通过相关理论、实证分析等方法,研究探讨中国高技术制造业 GVCs 地位失配的现状,试图从 GVCs 重构的角度分析中国高技术制造业参与 GVCs 重构的动因和机理,试图找到中国高技术制造业参与 GVCs 重构的方式和路径选择,为中国高技术制造业发展提供切实可行的路径依据。

本书尝试构建 GVCs 重构理论的分析框架和中国高技术制造业参与 GVCs 重构阶段性路径的超循环模型,进一步拓宽国际经济学与产业经济学的交叉研究领域。一方面,本书立足于 GVCs 分工理论,进一步应用和拓展现有的研究成果,GVCs 重构可以改变现有的利益分配格局,改变不同国家在 GVCs 中的角色和地位;另一方面,本书基于具体产业的分析,探索将国际贸易理论研究应用于产业经济学研究,也是对前期相关研究的拓展。

本书根据国家战略性新兴产业发展的中长期规划,提出中国高技术制造业 GVCs 升级的方式和路径。由于主要利润来源依靠加工、代工,中国被锁定在 GVCs 的低端环节,现阶段中国人口红利消失,劳动力成本增加的问题使得中国面临着在 GVCs 中被边缘化、被淘汰的悲观局面。人力成本上升倒逼中国的产业,尤其是高技术制造业主动寻求价值链重构的方式和路径。本书针对不同类型高技术制造业发展特征,确定不同的推进方式和实施路径,推动产业链资源优化整合,形成综合竞争优势,提出中国高技术制造业与国际大企业开展更高层次合作、推动高技术制造业全球化布局的路径和策略建议。

第二节 研究方法与研究内容

一、研究方法

本书以中国高技术制造业发展为出发点，以提升中国高技术制造业GVCs地位为落脚点，展开规范研究与实证研究。规范研究注重对本文核心概念的界定以及其内在机理的揭示；并在此基础上开展理论创新研究，旨在科学地界定"GVCs重构"的理论内涵，并揭示国家再分工背景下GVCs重构的方式、动力和超循环机理。具体方法运用如下：

（1）国际分工理论与产业发展理论相结合的理论分析方法。本书基于产品内分工理论、GVCs分工理论和产业发展理论构建GVCs重构的理论框架，为中国高技术制造业参与GVCs重构的超循环过程与路径选择提供理论支撑。

（2）增加值测算与显性比较优势测算相结合的路径选择分析法。显性比较优势指数是分析一国与其他国家互补性与竞争性关系的工具，本书基于增加值贸易统计口径，通过增加值贸易分析框架，选取增加值显性竞争优势指数分析不同产业的国际竞争力，设立指标体系，根据指标进行不同产业的路径选择。

（3）基于混合研究方法，采用多案例嵌套设计（通信产业全景与华为企业微观实践），动态追踪超循环理论在企业—产业—国家层级的迭代反馈效应，实证检验三重路径（主动嵌入、被动接入、主导创建）的协同演化机制，实现理论框架与经验证据的双向验证。

二、研究内容

本书的内容主要包括绪论、全球价值链重构研究的相关文献综述、全球价值链重构的超循环理论框架、高技术制造业参与全球价值链重构现状、中国高技术制造业参与全球价值链重构的方式、中国高技术制造业参与全球价值链重构路径选择、中国通信产业参与全球价值链重构的案例分析、总结与政策建议八章。

绪论部分首先提出本书的选题背景、阐述本书的理论意义与现实意义，提出研究内容与方法。本章提炼出本书研究的科学问题，为后文研究工作的开展提供框架性指导。

第二章从管理学、产业经济学和国际贸易学三个角度梳理 GVCs 重构的研究脉络，同时阐述中国高技术制造业国际分工现状，对现有研究进行评述。本章通过对现有研究成果的综述，提炼出相关研究的发展脉络与理论观点，为后文的理论框架构建与实证研究设计奠定重要的文献资料基础。

第三章主要从 GVCs 重构的内涵、方式以及动力机制等方面对 GVCs 重构的机理进行归纳、总结，分析企业价值链重构到产业价值链重构，最后到国家价值链重构的超循环过程。本章揭示 GVCs 重构理论内涵、重构方式、动力及其内在机理，为后文的实证研究设计奠定重要的理论基础。

第四章构建全球价值链重构程度和重构能力指标。分别测度全球高技术制造业整体行业和细分行业参与全球价值链重构的程度和能力、中国高技术制造业整体行业和细分行业参与全球价值链重构的程度和能力，以此评价中国高技术制造业参与全球价值链重构的情况。

第五章以中国高技术制造业参与 GVCs 重构的超循环模型为基础，探讨了中国高技术制造业参与 GVCs 重构的原因和方式，第一种方式为主动嵌入 GVCs，产业沿着价值链方向，分别向上、下游攀升，提高技术创新和研发能力，延长价值链长度；第二种方式为被动接入国家价值链，此方式下的中国高技术制造业暂时放缓 GVCs 的融入度，优先致力于提高产品在国内的附加值，替代进口，通过积累学习和模仿经验，逐步发展和培育自身的高级要素，改变本国产业竞争优势；第三种方式为主导创建区域价值链，已经在上游或者中游有一定的价值增值和价值创造能力的国内高技术行业，未来价值链重构的发展路径在于对整条价值链的控制。本章运用超循环理论分析中国高技术制造业参与 GVCs 重构的方式。

第六章根据 WIOD 数据库，节选了三个高端技术产业（医药制造业、电气设备制造业、电子和光学设备制造业）和两个中高技术制造业（化学原料及化学制品制造业和交通运输设备制造业），通过计算产业增加值显性比较优势，发现医药制造业和交通运输设备制造业显性比较优势不明显，趋向于构建国家价值链，提升本国竞争优势；化学制品制造业和电气设备制造业有一定的显性比较优势，可以在选择的区域内构建或主导区域价值链；电子和光学设备制造业有较强的显性比较优势，可以主导区域价值链，逐步掌控整条价值链，改变国际竞争优势和国际地位。

第七章选取了中国移动通信产业的案例来诠释参与 GVCs 重构的路径选择和未来发展方向。本章以华为为案例，分析华为不同阶段参与全球价值链、接入本土价值链和主导区域价值链的阶段演化，总结中国高技术制造业参与全球价值链重构的逻辑路线。

第八章对全书进行总结，并提炼全书的创新点，阐述尚存的不足之处以及未来研究展望，同时对高技术制造业现阶段 GVCs 发展进行探讨。本章的价值在于：通过总结前文得到的研究结论并由此提出对中国高技术制造业全球化发展的建议和思考。

第二章　全球价值链重构研究的相关文献综述

在探讨 GVCs 重构机理和中国高技术制造业参与 GVCs 重构过程和路径之前，需要对已有相关文献成果进行评述。本章主要通过对现有研究成果的综述，梳理相关研究的发展脉络，提炼理论观点，为后文的理论框架构建与实证研究设计提出理论依据。

第一节　全球价值链的研究现状

一、国际分工演变与全球价值链理论研究进展

从分工角度看，GVCs 是国际分工高度复杂化背景下生产环节跨国配置和价值分布的形态体现，是一国内部社会分工不断发展与深化进而向国际领域扩展的结果。国际分工的演变一直是贸易理论和产业经济理论跟踪研究的核心问题之一。按照分工层次划分，国际分工大致经历三个阶段：产业间分工、产业内分工与产品内分工（见表2-1）。

表2-1　　　　　　　　　国际分工的基础和形式演变

理论基础	重点	主要来源	优势来源	分工形式
古典贸易理论	自由贸易，反对国家干预	绝对优势、比较优势	要素禀赋（劳动生产率差异，但没有解释差异原因）	劳动分工

续表

理论基础	重点	主要来源	优势来源	分工形式
新古典贸易理论	从交换领域扩展到生产领域	H-O模型	要素禀赋（劳动、资本等，但是不能解释经济特征相似国家的差异）	要素分工
动态比较优势	技术差异及变动对国际贸易的影响	技术差异理论；产品生命周期	技术差异；生产要素变化	产业间分工与产业内分工过渡期
新贸易理论	解释发达国家之间的贸易现象	Helpman E., Krugman P. R. (1979)	专业化；规模经济	产业内分工
战略性贸易政策理论	外部经济与利润转移	Brander (1995); Krugman (1995)	政府政策干预	产业内分工
竞争优势理论	一国兴衰的根本在于在国际竞争中是否赢得竞争优势	M. Porter (1985)	企业竞争优势来源于产业吸引力和企业在市场中获得的优势；国家竞争优势来源于国家的创新机制和能力	产品内分工

（1）产业间分工（inter-industry specialization）：古典贸易理论与新古典贸易理论不同产业部门之间的生产分工。1776年，亚当·斯密（Adam Smith，1776）在《国富论》中，首次提出劳动分工的观点，随后他将劳动分工拓展为国际分工，系统阐述了绝对优势理论；此后，1817年大卫·李嘉图（David Ricardo，1817）提出了比较优势理论，认为一个经济体同其他经济体相比，即使劳动成本在所有产品生产上不具有绝对优势，也可以生产利益较大或不利较小的商品，20世纪初，瑞典经济学家赫克歇尔和俄林（Heckscher，Ohlin，1919，1933）将不同经济体要素禀赋差异作为国际分工产生和比较成本差异的决定因素，提出 H-O 理论；里昂惕夫（Leontief，1947，1953）研究发现，贸易结构与资源禀赋结构并不匹配，围绕对"里昂惕夫悖论"的争论和解释推动了后来一段时期国际分工理论的发展，其中最具代表性的是美国经济学家波斯纳（Posner，1961）的技术差

异理论和美国哈佛大学教授雷蒙德·弗农的生命周期理论（theory of product life cycle, 1966）。这一理论认为各个阶段产品要素密集度是变化的，一国技术的差异性会影响产品生命周期的时间和过程，也影响同一产品在不同国家市场上竞争地位的差异，从而决定了国际贸易和国际投资的变化，这一理论阐述了比较优势在发达国家和后进国家之间的转化。产业间分工作为较早的分工形式，仅在后期理论中涉及技术差距影响国际分工，但较少涉及技术水平在国际分工格局形成中的决定性作用。

（2）产业内分工（intra-industry specialization）：新贸易理论认为同一部门不同产品间的分工。20 世纪 60 年代后，国际分工出现了新的趋势，发达经济体既出口又进口同一类产品，产业间分工理论已经无法解释这种产业内贸易的现象。以克鲁格曼为代表的经济学家们提出了产业内贸易理论。该理论借鉴产业组织和市场结构理论，用不完全竞争、规模报酬递增和产品异质性等理论来解释产业内贸易，形成一套全新的国际分工理论。产业内国际分工理论建立在垄断竞争理论、新贸易理论和战略性贸易政策理论的基础上，是以产品差异化和规模经济效应为基础不断深化的结果。

以上两种分工模式是传统贸易理论研究的基本类型，均以"最终产品"为主要研究内容，假设产品所有工序在特定国家内部统一完成后再进行贸易交换。

（3）产品内分工。不同于前两种分工模式，相比于传统贸易中以最终产品或整个产品的生产或服务流程为贸易品，在产品内分工模式下，国际贸易的产品是国际分工工序生产的中间品或者某一生产工序或服务供给流程中的某一环节。随着国际贸易的发展，贸易产品的生产环节不再局限于一个国家内部，因此，产品内分工的主要特征是产品的生产工序分散到全球各个国家进行协同生产。

随着国际分工向产品内部蔓延，学术界的热点开始转向一种新型的分工模式。国内外关于这种分工的表述还没有完全统一的术语。针对这种新的国际分工模式，国内外学者从不同角度进行了定义（主要定义见表 2–2）。

这些概念表述虽不同，但在定义上都试图强调当代国际分工的特征。虽然以上学者的表述各不相同，但各种概念都在试图表达现阶段的一个分工形式：价值分工或者工序分工，即某一产品内部由于各个环节的异质性而产生的分工。

表2-2　　　　　　　　国内外学者关于国际分工定义

定义	学者
全球价值链（global value chain）	Gereffi，1994
价值链切片（slicing up the value chain）	Krugman，1995
外包（outsourcing）	Grossman and Helpman，2002，2006；Yeats，1998
垂直专业化（vertical specialization）	Hummels，2002；Irwin，2002
片段化（fragmentation）	Arndt and Kierzkowski，2001
国际生产网络（international production network）	Vanables，2004
垂直专业化	刘志彪，2001；盛文军，2002
要素分工	张二震，2004
产品内分工	卢锋，2004；田文，2006
价值链分工	曹明福，2007

GVCs 的相关研究最早可以追溯到波特（Porter，1985）的"价值链"概念。他认为价值链是企业设计、生产、营销、交付和支持产品一系列活动的集合，包括价值活动和利润。在现实经济中，随着科技进步、模块化生产方式的出现和物流体系的进化，产业的价值创造环节在空间和时间上变得可分，后一价值单元的运行无须依赖前一价值单元的运行进度，价值创造方式也在发生变化。科格特（Kogut，1985）拓展了波特的价值链学说，提出了价值链"片段化"和空间配置问题，他认为企业唯有倾其所有，投资整个价值链中具有竞争优势的价值活动，才能持续获得经济增值；某种产品价值链的全球空间配置需要服从国家间的比较优势，降低要素成本。他的研究把价值链分工从微观企业范畴拓展到地区、国家等宏观

研究对象上。

IBM、福特等企业逐渐放弃了将产品战略、研发、设计、制造、流通、销售、售后服务都纳入企业生产活动的垂直一体化价值创造方式,将发展中心转移到产业的核心环节(Chandler,1987)。

GVCs 是由价值链理论(Porter,1985;Kogut,1985)引出并发展形成的,其中,一些与过渡性质的理论相似的概念也出现在后续的研究中:如全球商品链(Gereffi,1994,1999)、价值网络(Linda,Taylor,2008)。其中,格里芬(Gereffi,1999)将价值链理论连接到全球经济与产业,在提出全球商品链(global commodity chains)理论的基础上提出 GVCs 理论:为实现商品或服务价值而连接生产、销售、回收处理等过程的全球性跨企业组织,涉及从原材料采集和运输、半成品和成品的生产和分销,直至最终消费和回收处理的整个过程。以产品为轴的全球性跨企业网络组织,着重研究产品的增值环节和价值链内部企业关系和利益的分配。它包括所有参与者和生产销售等活动的组织及价值、利润的分配。美、日、欧等发达国家和地区的跨国企业通过在亚洲、拉美等发展中新兴经济体进行大规模加工组装领域的国际投资,建立"制造基地",由此产生大量的零部件或中间贸易,对东道国的出口和福利产生影响,不同国家或地区的企业结合自身竞争优势迅速嵌入价值链不同环节。

2002 年联合国工业发展组织对 GVCs 进行了定义:GVCs 是在全球范围内将产品的研发设计、生产、营销、售后等创造价值的环节分包到不同国家,企业通过参与产品生命周期的不同环节来获取相应的价值增值[①]。至此,国际分工的主导形式经过产业间分工到产业内分工,再到价值链分工,最后至 GVCs 分工的演化,价值创造方式、产业组织形式等都会发生不同程度的变化。此后,GVCs 作为一个相对确定的概念及相关理论频繁出现在国内外学者的讨论中(见表 2-3)。

---

① United National International Organization. Industrial Development Report2002/2003 Overview [R]. 2002.

表 2-3　　　　　　　　　GVCs 理论的演进历程

价值链理论	来源与时间	主要观点
企业价值链理论	M. Porter, 1985	企业与企业的竞争不仅仅是环节的竞争，更是整条价值链的竞争，全球价值链的基础
"片段化"价值链理论	Kogut, 1985	生产过程的片段化，价值链组成环节在国家和地区间的空间配置成为价值链的研究重点
全球商品链理论	Gereffi, 1994	围绕某种产品的生产形成的跨国生产组织体系
全球价值链理论	Gereffi, 1999	以产品为轴的全球性跨企业网络组织，着重研究产品的增值环节和价值链内部企业关系和利益的分配
企业异质性理论	Antras, 2003, 2004	企业的异质性对企业边界、外包（out-sourcing）以及内包（in-sourcing）战略选择的影响，为研究企业全球化和产业组织提供了全新的视角

二、全球价值链的治理与升级

关于全球价值链地位及其对全球产业的影响研究主要从两个方面展开：（1）领导企业自上而下的"治理"以及相应产业组织的改变；（2）国家、区域和其他经济利益相关者为维持或提升全球经济地位自下而上的"升级"。

（一）全球价值链的治理

治理行为用来分析一条价值链如何被控制和协调。GVCs 中不同行为体的权力大小不同。处于 GVCs 地位较高的发达国家或者领导企业主要以对价值链的治理研究为主，其"治理"指通过非市场机制协调价值链上活动的企业间的相互关系和制度机制；治理的形式不同直接影响发展中国家或企业的升级前景（Humphrey, Schmitz, 2000）。格里菲（Gereffi, 1994）提出全球商品链理论时，将其驱动力分为生产者驱动和购买者驱动，他将治理定义为"决定人财物资源如何在价值链内分配和流动的权威和权力关系"。为了解释越来越复杂的全球经济发展状况，学者们开始划分治理模式和治理类型，如表2-4所示，格里菲（2005）以五种治理模式讨论主导企业和供应商的权力博弈，从微观层面解释了全球化背后的管理逻辑，极大地丰富了GVCs治理体系研究，为分析全球价值链格局下企业层面的战略提供了重要的理论。

表2-4　　　　　　　　　　GVCs治理模式的演进

全球价值链治理模式	时间和来源	主要依据
垂直封闭式治理模式；垂直开放式治理；水平开放式治理；水平封闭式治理模式	Zysman et al.（1997）	跨国企业自身的治理结构和东道国企业加入价值链的难易程度
普通供应商；俘获型供应商；交钥匙供应商	Sturgeon and Lee（2001）	电子电器制造业的研究
德国模型；日本模型；意大利模型；美国模型	Sturgeon（2002）	文化差异
规则制定治理；监督裁决性治理；执行性治理	Kaplinsky and Morris（2003）	企业之间的规则和标准是将全球生产"片段"联系起来的基础
市场型；模块型；关系型；俘获型；层级型	Gereffi et al.（2005）	价值链理论、交易成本经济学、技术能力与企业学习等理论

（二）全球价值链的升级

有关发展中国家或者新兴经济体GVCs的研究主要聚焦于GVCs升级。一些学者从要素禀赋的差异性分析出发，认为发展中国家群体长期呈现出一种"低端竞争"（race to the bottom）与"悲惨增长"（immis-erizing growth）的状态（卓越、张珉，2008；Lee，Gereffi，2015）；处于全球价值网络中的发展中国家长期专注于低附加值环节的"合成谬误"、贸易规模和贸易获利的"能力错配"、技术引进和加工贸易的恶性循环"贫困化增长"，使其被"俘获"或"锁定"于全球分工体系中的微利化、低附加值、低技术创新的加工环节（Gereffi，Memedovic，2003；张少军、刘志彪，2009；刘志彪、张杰，2009）。由于发达国家长期控制全球价值链的高端环节，针对发展中国家采取"俘获式"的治理模式，通过对技术、品牌及销售终端的控制迫使发展中国家处于价值增值环节的"孤岛"，造成发展中国家产业关联效应的"外泄"明显。与此同时，由于中间投入要素的相似性，具有同样资源禀赋和成本优势的其他新兴地区崛起时，发展中国家对外直接投资的缺失与发达国家某些环节的战略转移造成发展中国家面对"上压下挤"的状况，使其在全球化过程中被"边缘化"甚至是"被挤出"（段文娟，2007；卓越、张珉，2008；王发明，2009；裴长洪，2009；刘青林、周潞，2011；陈爱贞、刘志彪，2011；盛斌、陈帅，2015）。

此后一段时间，国内外学者专注于研究发展中国家如何突破"被俘获""被锁定"，甚至"边缘化"和"被淘汰"的分工地位，实现产业升级（魏龙、王磊，2016；高敬峰，2017）。研究发现，GVCs分工中这种上游环节国家提供产品设计和研发，中游国家负责技术复杂度较高的中高端环节，价值链下游劳动力丰富的国家负责劳动密集型的制造和组装的分工格局被固化。在这种分工模式下，价值链高端位置的国家具有整条价值链的控制权和产品的全球定价权，其利用技术垄断优势阻碍价值链低端国家沿着价值链向高附加值环节攀升，甚至实施"技术锁定"，在GVCs分工体系中处于价值链低端的企业利益受到剥削，发展受限，自然的升级过程存在很大的障碍（Schmitz H.，2004）；前一环节企业只希望下一环节完成其外包的任务，不仅不会传授核心技术，鼓励或帮助下游且提高设计和市场研发能力，增加产品附加值或竞争力，反而会利用链主权力阻碍下游企业实现功能或跨产业升级；现有的分工格局只能被维持下来或者恶化，完成产业升级和价值链升级的路径也无法实现。此时，需要处于价值链低端的企业或者经济体主动寻求资源和价值的重新配置。

三、国家价值链与区域价值链

国内外学者探讨处于价值链低端的企业或者经济体主动寻求资源和价值的重新配置活动时，提出了构建国家价值链（national value chains，NVCs）和主导区域价值链（regional value chains，RVCs）。

NVCs 与 RVCs 是两条价值环节在不同区域内生产活动的链条形态。NVCs 指的是发展中国家或者经济体通过低端嵌入 GVCs 取得工艺升级和产品升级后，基于本土市场和主导创新，由本土企业掌握价值链的研发、品牌、营销等核心环节，获取高端竞争力，掌握价值链的关键环节，掌握关键性资源和获取市场需求，然后进入区域或全球市场的价值链分工生产体系（刘志彪、张杰，2007；崔向阳、崇燕，2014）。借助 NVCs 比融入 GVCs 更能赢得新兴产业的企业青睐（黄永春，2014），构建 NVCs 的路径是低端嵌入 GVCs 后培育 NVCs，积累足够的高级生产要素，再从 NVCs 向 GVCs 高端延伸，寻求 GVCs 的主导权（王子先，2014），目的在于将俘获型网络扭转为均衡型网络，在融入 GVCs 的基础上，重新整合一国企业赖以生存和发展的产业关联和循环体系，重塑国家治理结构和区域产业之间的关联结构，实现俘获关系向均衡乃至主导关系转换，积累高级生产要素，激励和扶持高附加值环节本土企业的技术创新能力，促进代工企业重组兼并，成为具备自主品牌和销售渠道的终端集成企业（刘志彪、张杰，2009）。GVCs 与 NVCs 结合的研究思路，完善了 GVCs 升级的分析框架。

RVCs 指产品价值创造环节更趋向于以实现产业升级和价值提升为目标，选择某个特定区域形成集聚效应，联合周边产业互补性强的新兴国家或地区，为实现商品或服务价值而连接整个产业链环节的区域性跨企业网络组织（魏龙、王磊，2016）。当前部分学者认为GVCs是由不同的RVCs构成：

RVC_1是美欧等发达国家主导的以服务业为主要竞争优势的价值链，RVC_2是包括中国在内的东亚地区主导的以制造业为主要竞争优势的价值链，RVC_3是其他发展中国家主导的以自然禀赋为主要竞争优势的价值链（洪俊杰，2018）。中国在积极嵌入GVCs的同时，应该与周边新兴国家组成RVCs，从GVCs中的技术落后方转换为RVCs中的相对技术先进方，接触甚至控制价值链的中高端环节，通过主导RVCs，实现中国经济发展向中高端水平迈进的目标。

主导RVCs的目的同样是积累高级生产要素、营造升级空间，同时发挥GVCs分工产生的专业化经济，但价值链的空间范围要广于NVCs，其与GVCs的关联程度也与NVCs有差异。部分学者认为RVCs是独立于GVCs的一种适合新兴经济体国家建立以自己为主导的价值链的链条形态。国内部分学者称之为"双环流"，中国与发达国家和亚非拉发展中国家形成两个环流，一方面嵌入发达国家主导的GVCs环流中，另一方面主导在本国"一带一路"中形成的RVCs环流中，完成产业升级（张辉，2015）。

NVCs与RVCs升级路径丰富了对GVCs升级的探讨，使理论发展呈现出多元化的特点，但是对于各条升级路径之间的联系和互动，尚未建立起一套完整的理论体系和分析框架。

基于国际分工的细化和GVCs的形成，学者开始探讨企业内部各个价值环节在不同地理空间进行配置（Krugman，1995），产品价值链在不同生产组织和不同国家和区位之间的传递、增加和链条的转换，研究发现企业GVCs各环节产生的价值和收益的分配出现差异（Kaplinsky，2005）。由于GVCs不同环节进入壁垒的差异，不同国家处于GVCs的不同环节的利润差异决定了其价值链分工地位的差异，国家在GVCs上地位的改变和GVCs重构成为处于价值链低端的国家关注的主要问题。

第二节 全球价值链重构研究进展

随着产品内分工的不断深化,GVCs开始重新"洗牌",价值链在全球范围内不断分解、不断整合。波特较早在《竞争优势》(1985)一书中提出价值链理论的同时,已实际上讨论了价值链重构的问题。他在阐述企业如何攻击龙头企业时,提到挑战者在执行价值链活动中进行创新或对整个价值链进行重新配置。此后他以人民捷运、西南航空公司、牛肉包装行业、联邦快递等为例,认为企业重构价值链能够带来明显的成本优势;同时,联盟和其他企业之间的协议有时也能给企业提供重构的途径。1990年,他又在《国家竞争优势》一书中提出国际经济、政治形势发生重大变动时,东欧、亚洲等国家对原有战略的调整以保持原有的竞争优势,他称这为"全球竞争与位阶重整"。

此后,很多学者开始在企业或者产业价值链重构的概念、动因、路径、效果等问题上进行探索。本节从企业、产业和国家三个维度分别探讨学者对价值链重构或者全球价值链重构的研究。

一、企业维度的相关研究

从企业维度看,价值链重构实质是将价值链的各个基本环节进行垂直和水平的分解,同时对其合作关系进行重新配置,动态地研究企业价值创造过程的内、外部环节和各环节之间的协同整合的过程,使各个环节不断增值,企业获取或者维持竞争优势(李平、狄辉,2006;杨成名,2012)。雷(Lei,2000)、约菲(Yoffie,1997)、拉斯洛·E.(Laszlo E.,2004)、马秀丽和孙友杰(2004)、谭力文(2013)等学者从企业角度分析价值链重构的过程;厉无畏(2001)、汉弗莱·J.(Humphrey J., 2002)、谭力文（2006）、李平（2006）、Flecker J.（2007）、许晖（2015）等学者探讨了价值链重构的作用和目的是使企业的重心转移，利用自身在特定环节的比较优势，将比较优势转化为竞争优势，重新构建适合自己的价值链，做出相应的战略调整。

二、产业维度的相关研究

同期也有学者从产业融合角度研究价值链重构。较早的研究如冯德么维（Vandermerwe，1988）探讨了制造业服务化的过程，他认为制造业服务化就是价值链前后移动的过程。沃茨（Wirtz，2001）以传媒业和通信业为例，具体分析产业融合的过程中，把价值链的分解与价值链的重构两个阶段，从理论上分析产业融合的价值链融合过程。国内学者基于制造业服务化的过程和制造业与生产性服务业融合的过程探讨价值链重构（刘鹏、刘宇翔，2008；明宇、芮明杰、姚凯，2010；刘纯彬、杨仁发，2013）。部分学者认为"互联网+"促进了产业价值链重构（刘涛雄，2015），其实质是让信息产业与工业制造业融为一体。价值链演变为网络结构是由于参与经济活动主体的增加以及经济活动的复杂性，而技术的变革、市场的扩张、商业模式的创新又进一步使得价值链的不同环节（如采购、生产和分销）开始发生融合，原来价值链的核心环节将会重新组成新的价值链，形成一种混沌的价值链网络（value net/network），部门边界的模糊也可以促进公司部门形成虚拟的无资产纽带的复杂分工协作体系（Hagel Iii J.，1996；Evans P. B.，1999；Amador J.，2015）。李丫丫（2015）从产业结构演变的角度分析产业融合的实质，产业融合就是价值链的解构、重构和构建融合型价值链，不同产业的横向和纵向关联使产业间产生知识和技术溢出效应，从而导致线性的垂直结构变得非线性，产业间跨产业再整合和重构，从而形成新的产业生态系统，从而形成新的价值链形态。

三、国家维度的相关研究

2005年欧盟专门设立研究价值链重构的机构，用于研究在经济一体化和技术变革的背景下，处于GVCs中的企业组织结构变化和国际企业组织沿着价值链的业务功能的变化以及业务功能之间关系的变化（Monique Ramioul，Bert De Vroom，2009；Pamela Meil，Per Tengblad，Peter Docherty，2009；Ursula Huws，2009；毛蕴诗，2015）。随着研究范围由单个组织行为拓展至全球范围内各组织结构的变化，价值链重构走向了GVCs重构。全球经济失衡、由发达国家主张的国际分工的严重的市场失效导致了GVCs重构（谭人友、葛顺奇、刘晨，2015；毛蕴诗、郑奇志，2016）。各国参与GVCs重构的意图是重置本国的价值链地位和利益分配规则，参与主体地位的演变过程，如金融危机后GVCs先收缩后扩张的过程（William Milberg，2010）。但是针对发达国家与发展中国家，参与GVCs重构有不同的含义和目的：

（1）领导国家参与GVCs重构的目的在于更好地治理和掌控GVCs。参与到GVCs所获得的经济收益并不一定能带来好的工作或者稳定的就业（Barrientos et al.，2011），发达国家不满足制造业的制造、加工环节被新兴经济体掌握，同时在劳动力逐渐上升的情况下，企图掌控价值链的全部环节（Pietrobelli C.，Rabellotti R.，2007）。为了延长本国价值链全球范围内的长度，增加就业，控制价值链更多的环节，发达国家意在参与GVCs重构，建立更多环节由本国掌控的GVCs。

（2）发展中国家和新兴经济体参与GVCs重构探讨的是其内涵和角色变化的过程。原先形成GVCs的比较优势因素发生变化，全球范围内价值与经济利益在价值链各环节重新分配（田文、张亚青，2015；毛蕴诗、王婕，2015）。构建NVCs和主导RVCs均是学者们探讨参与GVCs重构的主要路径和方式。发展中国家或者新兴经济体基于本国的竞争优势，旨在建立 NVCs 与 GVCs 并列发展。GVCs 和 NVCs 的动态交互使得价值链体系中存在较为复杂的竞合关系。面对 GVCs 中的低端锁定，中国企业必须开始从嵌入 GVCs 到重构 NVCs 的升级模式转换，寻求新的突破来推动产业升级和发展。在 NVCs 重构中，企业可以通过向上游延伸、双向延伸和向下游延伸三条路径向高附加值环节演进（张国旺，2013）。可以通过构建NVCs，推动 GVCs 和 NVCs 同步发展的方式来实现产业升级（刘志彪，2009，2011）。主导 RVCs 同样也是中国参与 GVCs 重构，改变自己在 GVCs 中的角色和地位的方式，部分学者认为中国已经具备了转换价值链的条件与参与 RVCs 的条件，"一带一路"就是其进行链条转换的国家政策支持，以中国为中心，创建以本国为主导，"一带一路"周边国家为区域的价值链，有利于我国企业向价值链高端环节跃进（魏龙、王磊，2016；钱书法、邱俊杰、周绍东，2017）。在具备亚洲供应链中稳定优势的基础之上，建立自己主导的 RVCs 和 GVCs（王子先，2014；IHS Markit，2017）。

数字经济背景下的 GVC 重构是全球价值链治理结构和利益分配格局调整（戴翔等，2019）、全球要素资源、经济结构和竞争格局的重塑，从传统链式结构逐步向网络形态转变（鞠建东等，2020），以及在追求效率和安全的同时获得 GVC 权力（陈再齐等，2025）。目前主流的测度方法是基于投入产出法的测度体系，例如：全球价值链生产分解测度（Wang，2017）、上游依赖度和下游影响度测算贸易增加值的流动（戴翔等，2019）、测度跨国公司活动的全球价值链核算新框架（祝坤福等，2022）和利用出口溢价能力指数测度全球价值链重构程度（黄亮雄等，2023）等。推动全球价值链重构的主要动因包括新一轮科技革命、经济特征、政策环境、数字经济、气候变化等因素（戴翔，2022；黄亮雄，2023；屠新泉，2022）。在重构时期，国家政府、产业政策、国际规则等宏观角色的作用被重视（张彦和刘德学，2022）。

到目前为止，学术界对于 GVCs 重构从微观企业到中观产业再到宏观国家层面的动态演化机理研究并不十分清晰。虽然国内不少学者分别探讨了 GVCs 重构的理论基础,但缺乏全面性及规律性研究。

第三节 高技术制造业国际分工研究进展

在国际分工的演变过程中,技术进步对国际分工的细化有很大的推动作用;同时,国际分工的细化也影响着技术进步方式和效果。本节从技术进步在国际分工演变中的作用、GVCs 分工影响国际分工进步和中国高技术制造业参与国际分工现状几方面进行文献梳理和论述。

一、技术与国际分工的互动影响

(一) 技术进步在国际分工演变中的作用

从熊彼特(Joseph Alois Schumpeter,1911)提出创新理论以来,技术创新一直被认为是产业发展、经济增长的核心因素。技术创新作为产业演化的根本动力被广泛认可与证实(Bottazzi et al.,2001;赵玉林、徐娟娟,2009)。在国际分工不断细化的过程中,技术也变得越来越重要,科学技术进步可以改变产品组成和工艺的可分性、降低国际分工的组织成本,技术的可行性也是实现分工的必要条件(卢锋,2004;胡晓鹏,2004;张纪,2016)(见表2-5)。

表2-5　　　　　技术进步在国际分工演变中的作用

国际分工演变	技术进步在国际分工演变中的作用
产业间分工	以劳动和资本要素差异为主,仅提及技术差异性对一国比较优势的影响
产业内分工	技术差异性导致产品差异性,从而导致产业内贸易的产生

续表

国际分工演变		技术进步在国际分工演变中的作用
GVCs 分工		信息技术的渗透和技术的进步导致分工越来越细
GVCs 重构	企业	技术进步诱导新的细分市场出现，企业通过技术和管理的创新，进行价值链重构，使企业拥有新的竞争优势（许晖，2015）
	产业	产业间的知识和技术的溢出效应，形成新的价值链形态（李丫丫，2015）
	国家	技术进步使国家优势改变，本国可以通过链条转换的方式获得新的国际竞争力

（二）GVCs 分工影响产业技术进步

GVCs 分工对产业技术进步的影响的相关研究主要从发展中国家进口高技术的中间品等方面展开论述。

部分学者认为，GVCs 分工有助于发展中国家的企业获得和学习先进技术，并且有利于技术创新，同时有利于发展中国家从发达国家进口高技术含量的中间产品，获得研发成果和技术溢出效应（Romer，1990；Grossman，Helpman，1991；Eaton，Kortum，1997；Morrison，2001）。发展中国家嵌入 GVCs 不仅能够获得新的技术，更有可能进入高附加值的生产环节（Fonseca，2010；胡昭玲，2007）。

但是也有部分学者认为发展中国家在 GVCs 分工中并未获得技术溢出，高技术制造业出口规模的增长只是一种统计假象（statistical illusion），同时比较优势的本质没有改变（Lall，2000；Srholec，2007；Amiti，2007，2008）。

二、中国高技术制造业国际分工研究现状

伴随着要素分工与任务贸易形式的国际化蔓延，不同的国家迅速找到

其国际分工中的自我定位。发展中国家以其技术和资本优势出口技术和资本密集型产品,众多发展中国家利用廉价且丰富的劳动力等资源要素吸引跨国公司进行直接投资,带来的国内经济的快速发展和产品出口能力的高速提高。中国高技术产品就是典型的例子,出口导向的加工贸易使得中国高技术产品国际贸易总额居于世界第一,带动中国成为"世界工厂"。

然而,在全球价值链分工体系中,传统的国际贸易统计没有考虑到进口的中间产品投入,发展中国家高技术产品出口爆炸式的增长只是一种"统计假象"。考虑到进口的中间品投入,高总额不代表高利润和高国际分工地位,相反,中国高技术制造业由于严重依赖和受制于发达国家,仅是高技术产品的代工厂,参与全球价值链分工格局,从事获利较低的装配制造和组装加工环节。美国国际贸易委员会(USITC)的统计分析表明,中国对美出口的高技术产品绝大部分是加工贸易品,且外资比例高达90%以上(M. J. Ferrantino,R. Koopman,Wang,2008)。中国高技术制造业仅以劳动成本优势嵌入了GVCs的加工环节,处于GVCs的最低端,获得较低的贸易利益,且被长期"锁定"在全球生产链低端而难以实现赶超(S. Mani,2009;M. Srholec,2007)。

此后,很多学者基于增加值视角分析中国不同产业在GVCs的地位以及地位变化时,发现中国高技术制造业在GVCs分工中的劣势更为明显。例如王岚(2014)、周升(2014)、岑丽君(2015)认为中国传统制造业在嵌入GVCs的同时实现了分工地位的提升,但是高技术制造业参与GVCs分工时存在"低端锁定"的风险。相比于中低技术制造业,高技术制造业的GVCs嵌入程度最高,这种高技术嵌入特征反映出中国高技术产品大量依靠进口的关键零部件和资本品的现状,这种凭借中国廉价劳动力优势对于本土企业创新能力、品牌能力的提升并不明显,越是技术水平高的产业,进口的中间投入也就越高,对国外中间投入的依存度也就越高。中国尽管在相对较高技术的领域产品中占有较大的份额,但从中所获的贸易利益并不比相对较低技术的产品高,这充分表明了我国本土高技术制造业的自主发展能力严重不足（刘维林，2014）。在 GVCs 的动态演变过程中，分工利益下降的主要原因是高技术制造业和服务业的分工环节向中国以外的国家离散（魏龙、王磊，2017）。

与战略性新兴产业创建全球创新网络，推动产业链全球化布局的"十三五"规划要求同步，现有的研究也围绕中国高技术制造业细分行业的研究，例如 IT 产业、高铁产业和新能源产业等，企图发现不同细分行业的发展特点和 GVCs 重构的路径选择。

（1）中国 IT 产业，以国产手机行业领军者华为为例，高密度的 R&D 投入是其技术追赶的方式和路径（陈德智、刘辉，2014），但是这种高效低成本的研发投入的结果却是缺乏自主研发和创造能力，例如华为 P9 的双核心摄像头技术和概念是来自德国徕卡光学工程方面的专业技术支持，这样核心技术的缺失带来的直接后果可能就是核心利润的损失。

（2）中国新能源产业没有完全遵从传统的雁形产业发展路径，发达国家在发展新能源的伊始，就将发展中国家纳入全球分工体系，通过技术研发和产业标准的制定获取了先发优势，而以中国为主的发展中国家通过价格优势和规模经济参与其中（史丹、杨丹辉，2012）。新能源产业的价值链分工起点较高，兼具水平型和垂直型的特征，并且企业主要以贸易与投资的方式参与 GVCs 分工（杨丹辉，2012）。我国的光伏企业等新能源企业在 GVCs 中集中于制造环节，由于缺乏上游多晶硅环节的生产能力，产品的国内市场也尚未打开，因而形成了两头在外的加工贸易方式（刘仰焰、沈玉良，2010）。风电等新能源产业作为我国发展较好的新能源产业，主要依靠要素优势参与 GVCs，依靠技术引进来维持制造规模，但是由于缺乏自主品牌，极易被锁定在价值链低端（白雪洁、李媛，2011）。

（3）中国的高铁产业作为高技术制造业全球化发展较为成功的案例，其发展路径也为其他高技术制造业提供了参考依据。中国高铁产业发展经历了两个阶段：第一阶段是技术锁定和利润锁定，从日本和德国等国家直接购买列车或者授权生产，没有自己的核心自主知识产权；第二阶段是遵循"引进、消化、吸收、再创新"的道路，通过自主创新和高效的技术引进，自主控制核心技术，从产业链的被动者、参与者成为主动治理者，获得较可观的价值利润（徐元康，2016）。

综上所述，有关中国高技术制造业国际分工的研究大多数集中在现状的静态分析上，少有分析中国高技术制造业国际分工地位的演变和动态发展过程以及GVCs重构过程中中国高技术制造业扮演的角色、中国高技术制造业参与GVCs重构的方式和目标定位。

第四节　简要述评

总体上看，关于高技术制造业升级和国际竞争等方面的相关研究较多，从GVCs分工角度研究也仅仅揭示了中国高技术制造业分工地位，真正剖析中国高技术制造业全球化布局的文献不多。本书认为需要从理论、方法上对以下几个领域进行拓展。

（1）理论机理的完善。本书在GVCs理论的分析框架基础上，借鉴异质性企业分工理论、相关者权益理论、产业升级理论、产业组织理论以及产业融合理论，从理论层面讨论GVCs重构内涵、动力、方式等，这是对以往产业升级和GVCs的一次尝试性探索。

（2）中国高技术制造业参与GVCs重构的过程刻画。过往的研究仅是结果导向，主要探讨一国产业参与GVCs重构，是否实现产业升级等，没有突出重构的动态演变过程。本书探讨的参与，并不只是简单意义的嵌入，而是在GVCs重构过程中国家角色的变化。从最初的嵌入GVCs，到被动重构GVCs再到主导重构GVCs，中国高技术制造业在GVCs中扮演的角色是不同的，所处的位置和对价值链的控制能力也是有差异的。

（3）中国高技术制造业GVCs重构的方向和全球化布局路径的设计。单纯按照GVCs流程升级、产品升级、功能升级以及链条升级的升级步骤，容易形成路径依赖，特别是对于技术附加值较高的产业，技术创新和占领必要的市场份额也是必须考虑的升级路径。单纯地依赖嵌入欧美日国家主导的 GVCs，无法自主完成重构的动态过程，无论是从国家战略安全还是经济可行性发展角度考虑，中国都有必要拓展其他 GVCs 重构的方式。是构建 NVCs，还是通过分化再整合的方式，整合周边国家的优势资源，形成自我主导的 RVCs，还是依旧嵌入 GVCs，这是未来高技术制造业参与 GVCs 重构方向需要深入研究的问题。

第三章　全球价值链重构的超循环理论框架

本章对 GVCs 重构的机理进行理论分析，从 GVCs 分工的形式与特征、GVCs 重构的动因与内涵和 GVCs 重构的方式和重构的动力机制几个方面探讨 GVCs 重构的理论框架，并分析一国参与 GVCs 重构的超循环过程。

第一节　全球价值链重构的原因与内涵

有别于传统分工，GVCs 分工是产品内部具有不同附加价值的工序或者环节的分工。它打破了传统的分工模式，在基本要素跨国流动的基础上，将分工深入到产品内部可以拆分的价值链环节或模块。本节从 GVCs 分工的形式和特征、GVCs 重构的原因入手，阐述 GVCs 分工的内涵。

一、全球价值链重构的原因

国际分工的演化经历了产业间分工、产业内分工与产品内分工。随着全球交通和通信技术的发展，不同国家基于其价值链优势开始为全球供应链的不同环节提供不同的增值服务，形成以工序为对象的新型国际分工形式，学者称之为任务贸易或者工序贸易（trade in tasks）[1]。工序分工（贸

---

[1] Grossman G. M., Rossi – Hansberg E. Trading Tasks: A Simple Theory of Offshoring [J]. *American Economic Review*, 2008, 98 (5): 1978–1997.

易）作为产品内分工（intra-product specialization）概念的深层拓展，用来描述国际分工深入到产品内部，不同国家从事特定生产流程中的不同区段或不同工序的分工现象。

GVCs 分工主要以垂直专业化分工（vertical specialization）、生产分割（fragmentation）和国际外包（international outsourcing）等形式存在。不同于其他形式的国际分工，GVCs 分工呈现出分工主体的关系复杂性、分工形式的多样性、分工过程的高要素流动性等特点。

从全球价值链的形成过程看，国际生产组织方式发生了深刻变革，从传统的产业间贸易逐渐演变成了以产业内贸易为主体，产品内分工为核心的新型国际分工格局，当前国际产业组织的主要形式是以跨国公司为主导的 GVCs，产品生产过程被分割成从属不同国家或不同区域的生产环节，其推动力是发达国家的跨国公司在全球范围内进行生产性配置。发达国家主导的生产性分配导致后发工业国被"低端锁定"，而后发工业国在接受 GVCs 分工的条件下，为了提升自身的经济效益，将垂直分离后的生产片段重新组合，打破了原有的生产制度安排，生产环节的碎片化后再组合运动的过程，使原本垂直形态线性工序结构的全球价值链呈现出非线性化的扁平化形态。

GVCs 重构原因可从不同的维度观察：（1）从企业维度来看，GVCs 重构的原因是投资、劳动的国际性流动；（2）从产业层面来看，GVCs 重构的原因是产业技术的创新、产业间融合的发展、市场份额的扩大和商业模式的变革；从国家层面看，全球价值链重构的原因有治理和升级两个视角：从发展中国家升级的视角，GVCs 重构的动因是发达国家治理的原有 GVCs 分工导致后发工业国在嵌入 GVCs 分工中，地位被"低端锁定"，后发工业国在寻求 GVCs 升级过程又被治理者控制，而在当今经济全球化、信息化、网络化的时代，生产系统正在发生重大变革。产业技术不断创新，不同产业间融合发展迅猛，市场份额不断壮大、商业模式不断变革，投资和劳动在国际的流动性增强，这些变化使后发工业国有新的能力打破了原有的生产制度安排，所以后发工业国将重新组合原有生产片段，重构GVCs。从发达国家的治理视角，GVCs重构的动因是对国家利益的维护。后发工业国参与GVCs重构，提升国际分工地位的过程损害到了发达国家的利益，发达国家为了巩固其链主地位，将外包的某些分工环节转移到其他地区或召回本国，重构GVCs的分工格局。

二、全球价值链重构的内涵

GVCs重构与GVCs升级是有差异的。GVCs升级是国家、区域和其他经济利益相关者为维持或提升全球经济地位沿着价值链方向自下而上的活动，而GVCs重构是由于沿着价值链方向攀升完成价值链升级的路径无法实现的前提基础下，由于技术的进步、市场份额的改变、产业组织的变革、管理模式和商业模式的变革，处于价值链某一固有位置的企业或者经济体主动寻求资源和价值的重新配置，对价值链进行改造，对全球化生产体系的运营和盈利模式的改变和重置，达到不断加强经济安全和经济利益的目标，相比于GVCs升级，GVCs重构更强调对原GVCs的破坏和创新。

从GVCs的形成过程和GVCs重构的原因分析GVCs重构的内涵，包括三个层面：企业核心环节和核心竞争力的改变；产业价值链的形态变化；国家在全球价值链的角色变化和链条转换。基于此，本书归纳总结的GVCs重构的内涵分为三个层面：

从企业维度来看，GVCs重构的主体主要是原本处于GVCs低中端的企业，GVCs重构的结果是企业升级，强调企业通过对企业内部流程、核心环节以及主要业务的改造，从GVCs低中端向中高端移动，本质上是企业的升级行为，它是对原有GVCs的改造和重置。从产业维度来看，GVCs重构的实质是产业间的渗透、融合导致价值链在全球范围内的解构、重组。从国家维度来看，GVCs重构是原先企业、产业、产品价值链在不同生产组织和国家区位之间的传递，形成GVCs的比较优势因素发生变化，全球范围内价值与经济利益在价值链各环节重新分配的过程,其中最核心的表现是新兴经济体从价值链低端向价值链高端位置移动,发生地位和角色的改变。

总之,GVCs重构是基于现有的工序分工形式无法满足利益相关体的利益诉求,产品垂直分离后的生产片段重新组合导致的企业核心竞争能力提升,链条演变形态改变和国家资源分配重置的过程。

第二节　全球价值链重构的方式

GVCs是产品上下游环节的选择和连接,随着分工的碎片化和重组方式的多样性,产品上下游环节的选择和连接的方式也有多种组合方式,形成多种价值链条,由多个价值链结合而成的、能够适应变化的、外部环境能够快速可靠地对客户偏好做出反应的网状结构为价值网络(Value Net/Network)(Bovet D.,Marha J.,2000),这种价值网络形式可以将企业纳入一个相互交织、更加规模化、更加复杂化的企业群体之中进行研究(Sturgeon,2001),近年来又拓展到价值网(value web)(Amador J.,2015)的概念,试图探讨虚拟的无资产纽带的复杂分工协作体系。

随着全球化的发展和行业的发展,未来产业的增值能力将存在无限可能,环节的界限也将变得不再清晰。GVCs并不是某一条链条,而是由不同形态各异的GVC构成。例如迪亚坎托尼等(Diakantoni et al.,2017)和鲍温(Balwin,2010)探讨GVCs的组织形态时,以供应链的地理位置为基础,将GVCs的组织形式分为蜘蛛形的轴心轮辐结构分布的价值链、蛇形价值链和混合型价值链。GVCs分为不同维度。水平的(horizontal)GVCs:嵌入某条价值链环节的企业可以通过介入其他相关价值链的环节,提高本企业核心竞争力;垂直的(vertical)GVCs:嵌入某条价值链特定环节的企业可以通过重新选择所嵌入的价值链上下游延伸环节，向更高利润环节攀升（Frits K. Pil，2006），这也是全球价值链网络的概念来源。本书研究的全球价值链体系以全球价值网理论为基础，探讨的是发展中国家后进企业以价值权力获取为价值假设，构建自主的全球价值体系的理论，对新兴经济体国家参与 GVCs 重构有一定的指导意义（俞荣建、吕福新，2007，2008）。

图 3-1 所示的全球价值链呈网状结构。全球价值链网中的价值链有以下三个特点：形态各异，长度各异，彼此交错。图 3-1 中链条 1 为传统的某类价值链形态，F 为价值链上的企业，价值链重构表现为 F 向 F1 移动，增强自身价值创造能力；产业融合使得价值链形态发生改变，链条 2 是新型价值链形态，产业价值链形态改变后，F 向 F2 移动；GVCs 是由许多个子链条构成，无论是主导 RVCs 还是构建 NVCs，都是价值网中某条区别于 GVCs 的子链条，如图 3-1 中链条 4 所示，如果企业 F 所属国在本产业国际经济中存在绝对的竞争优势，本国趋向于建立国家价值链，意在掌控一国所有的资源。如果企业 F 所属国在本产业国际竞争中存在相对的竞争优势，而在原本的价值链分工中地位不高、获利不大，本国趋向于建立区域价值链，企业 F 从链条 1 转入链条 4，向 F4 移动，未来可能以新的角色参与到新的链条 3 的分工中，向 F3 移动。这种形态各异的链条形态构成的价值网组成了全球价值链体系。

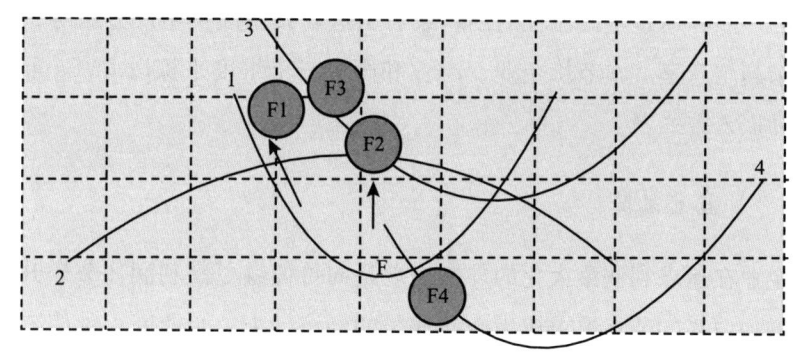

图 3-1 全球价值链体系示意

观测全球价值链体系的网状结构，可以发现 GVCs 重构的主体为企业，通过产业展示其形态特征，落脚点在国家。在 GVCs 分工背景下，国际分工主体从国家宏观层面延伸至企业微观层面，从过去完整的产业间分工演变为产品内的生产环节分工、价值增值分工以及产品要素分工等复合分工模式（刘林青、谭力文，2006），企业出口除了满足消费者的最终商品需求以外，还要满足企业对中间产品投入的生产需求。GVCs 分工聚焦于各国在价值链特定环节的价值增值而非产品出口总值，强调国际分工引起的企业与市场整体生产率变化。

本书探讨的 GVCs 重构方式是以产业升级方式为基础，分为主动嵌入、被动接入和主导创建三种方式。主动嵌入价值链的重构方式探讨的是一国嵌入原有价值链完成工艺升级（流程升级）、产品升级和功能升级；被动接入方式探讨的是一国在无边界的生产分工网络中无法完成产业升级而将业务单元收紧，简化价值链的分工环节，将任务在一国本土内完成的重构方式；主导创建方式探讨的是一国跨链条或者跨产业创造或者主导价值链。

一、主动嵌入

主动嵌入方式是在原价值链上向创造更高价值的环节移动、生产更高价值的产品和通过生产流程的创新或者引进新技术改良生产方法等，目的是追求高生产率。本节从企业、产业和国家三个维度来探讨 GVCs 重构中的主动嵌入方式。

（一）企业维度

企业在追求利润最大化的外在表现是向价值链更高利润环节攀升。对经济增加值高的节点追求成为企业成长的经济动力。企业嵌入价值链指企业通过整合不同的相关业务单元，通过协同增效创造价值，提高企业竞争优势，外在表现为从生产价值低的产品到生产价值高的产品、从生产简单的产品到生产复杂的产品、从小量需求到大量订单（Gereffi，1999），通过对生产体系的重组，更有效地将投入转化为产出（Humphrey，2000，2002）。如图3-2所示，企业嵌入价值链，在原有环节为了提高其环节控制力，运用的主要手段为业务归核①。归核指的是将精力集中在为数不多的核心业务上，或者重组相关业务组合，进化为强大的单一核心业务。如图3-2所示，企业有A、B、C三个业务，企业砍掉或者放弃不具有竞争优势的业务单元A和C上，集中力量重组相关核心业务B，归核行为意在增强企业核心业务的竞争力。

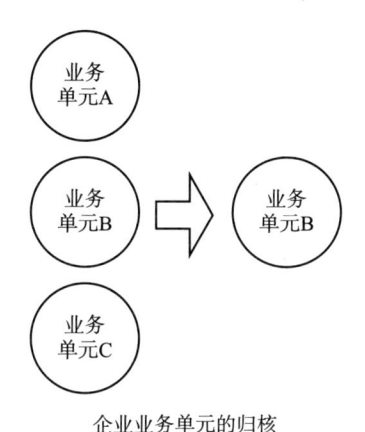

企业业务单元的归核

图3-2 企业维度的主动嵌入方式

资料来源：根据周永亮. 价值链重构：商业模式的创新源泉 [M]. 北京：机械工业出版社，2016. 整理所得。

（二）产业维度

在产品价值链形成并演变的过程中，企业通过对价值链的重置改变其竞争优势。进攻龙头企业的主要方式就是挑战者在执行价值链活动中进行

---

① 周永亮. 价值链重构：商业模式的创新源泉 [M]. 北京：机械工业出版社，2016：97-104.

创新或者对整个价值链进行重新配置，相同产品或者替代企业的集合形成产业，从产业层面来理解主动嵌入方式的 GVCs 重构，指的是其产业在工序的细化过程中，环节的增加和链条的延伸。如图 3-3 所示，曲线 a 为一般产品的价值链曲线，上游研发和下游销售环节的利润高，中间组装加工制造环节的利润偏低。企业业务的归核导致更多环节的外包，链条延长，增加产业链的环节，改变每个环节的利润分配，如图 3-3 中的虚线曲线 b。

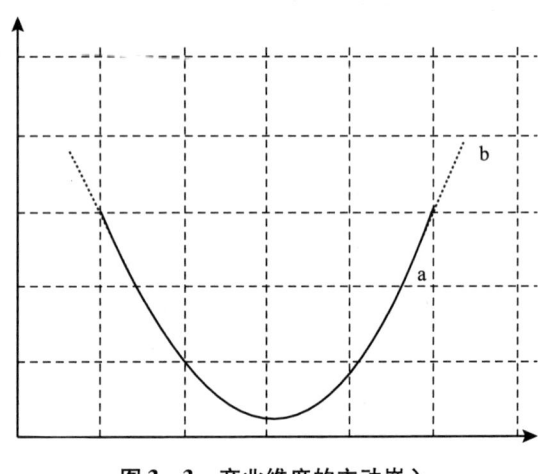

图 3-3 产业维度的主动嵌入

（三）国家维度

国家层面的主动嵌入方式探讨的是企业与国家或政府之间的互动过程中国家在原 GVCs 中国别地位的改变。随着经济全球化和贸易壁垒的减少，跨国企业将内部各个价值环节在不同地理空间进行配置，产品价值在不同生产组织、不同国家和不同区位之间传递和增加。

在企业价值链上，并不是每一个环节都创造价值，而是某些特定环节的价值活动，把企业的价值活动拓展到全球生产网络。从价值链纵向分离的角度看，产品价值的形成过程被分割在不同的生产单位进行。这些生产过程可以由企业内部的不同单位（跨国公司通过直接投资或者外包）完成，这个价值增值过程是"垂直一体化"的。

从价值链横向分离的角度看，产品的价值形成过程被分割在不同的地理空间进行。领导企业根据价值链不同环节的要素需求和各区域的竞争优势，通过股权或者非股权的方式，将其分布在不同国家或者地区，使跨国公司可以充分利用各个地区的比较优势，进行全球化生产。

从动态角度看，全球生产网络处于核心位置的战略环节是在不断变化的，GVCs重构就是以全球生产网络为媒介的，处于核心位置的战略环节的变化和重置的过程。图3-4是一个简化的产品全球生产网络图，有A国家a公司、B国家b公司、C国家c公司和D国家的d公司，产品的价值链分为研发、制造、营销和售后四个核心环节。在产品GVCs中，每个公司发挥自身的比较优势，A国家a公司进行研发环节的价值创造，B国b公司进行制造环节的价值创造，C国c公司进行营销环节的价值创造，D国d公司进行售后环节的价值创造。在GVCs重构的动态演变过程中，不同国家不同企业的价值创造能力发展改变，不同国家的企业从事的核心环节也在逐渐改变，例如最初从事研发、制造、营销和售后的国家和企业依次是Aa-Bb-Cc-Dd，变成Bb-Aa-Dd-Cc或Cc-Aa-Dd-Bb等（Aa代表A国a公司，依此类推）。随着整条价值链分配到每个环节的利润不同，国家间的资源配置发生改变，从事价值链不同环节的利润分配也发生改变，同时国家在整条价值链的角色和控制权发生变化。

二、被动接入

被动接入方式探讨的是一国在无边界的生产分工网络中无法完成产业升级而将业务单元收紧，简化价值链的分工环节，将任务在一国本土内完成的重构方式。本节同样也从企业、产业和国家三个维度对其进行分析。

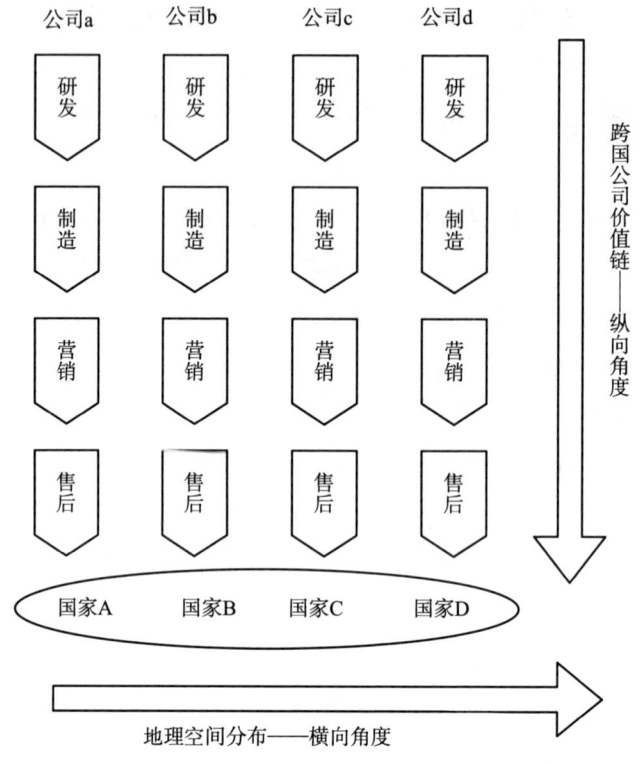

图 3-4　国家维度的主动嵌入方式

（一）企业维度

如图 3-5 所示，企业被动接入方式探讨的是企业无法从专注于某一核心环节获得较为可观的利润，所以以从事更多的环节来获取利益，企业内部业务主要表现为裂变，业务单元 D 分裂①为业务单元 d1 和业务单元 d2，一般转型升级为平台型价值链战略的企业，在价值链的某一业务环节，逐步发展能力，分裂出新的业务环节，通过控制更多的环节获得更多的利润。

---

① 周永亮. 价值链重构：商业模式的创新源泉 [M]. 北京：机械工业出版社，2016：104-118.

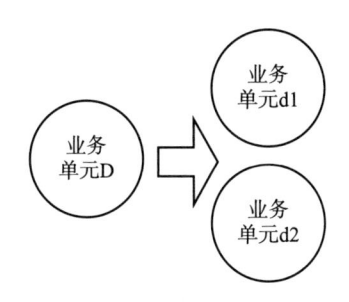

企业业务单元的裂变

图 3-5 企业维度的被动接入方式

资料来源：根据周永亮. 价值链重构：商业模式的创新源泉 [M]. 北京：机械工业出版社，2016. 整理所得。

（二）产业维度

企业内部业务单元的裂变导致参与价值链分工的上下游企业变少，产业维度的被动接入方式探讨的是产业价值链条的收紧和简化，产业价值链环节的减少使不同环节的价值链上利润分配改变。如图 3-6 所示，曲线 a 为一般产品的价值链曲线，上游研发和下游销售环节的利润高，中间组装加工制造环节的利润偏低。企业业务的裂变导致更多环节可控，利润分配发生变化，如图 3-6 中的虚线曲线 c 所示。

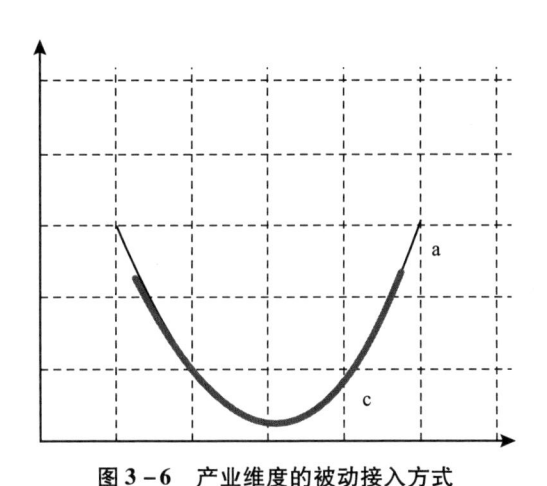

图 3-6 产业维度的被动接入方式

（三）国家维度

由于路径依赖和地位固化，嵌入价值链很难完成角色变化，此时需要被动接入到其他链条，进行链条转换。在参与 GVCs 分工基础之上，构建 NVCs。图 3-4 提及的传统 GVCs 是传统从事研发、制造、营销和售后的国家和企业 Aa-Bb-Cc-Dd。以国家 B 为例，B 国在传统 GVCs 中从事增加值较低的加工组装环节，存在易被锁定、被淘汰的风险。为了提升 GVCs 分工地位，B 国需要发展一条全球范围内的价值链 Aa-Bb-Cc-Dd 的同时发展一条所有环节由本国控制的本国的价值链，如图 3-7 所示。

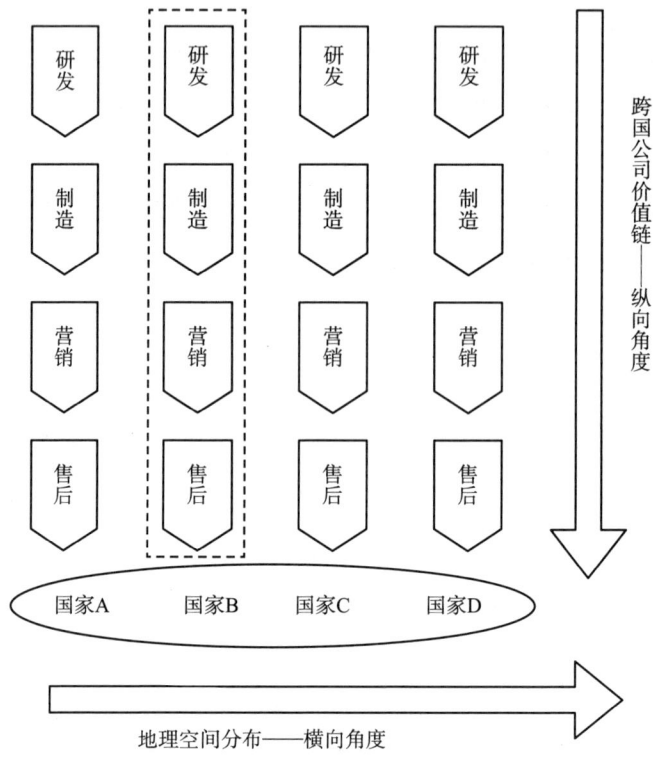

图 3-7　国家维度的被动接入方式

三、主导创建

(一) 企业维度

在移动互联网时代，企业维度下主导创建方式探讨业务的融合和整合[①]，如图3-8所示，业务E与业务F融合，使得企业专注业务单元EF，相比于业务E与业务F，EF拥有E或者F的部分功能，但是业务类型和内容却不完全相同。通过业务的整合，企业获得新的竞争力和成本优势，重构企业价值链，使企业核心业务发生改变，企业技术或者创新能力发生改变，产品品质和功能也相应得到提升，企业价值链发生重构。相比于归核和裂变，业务的融合更易创造新的业务。

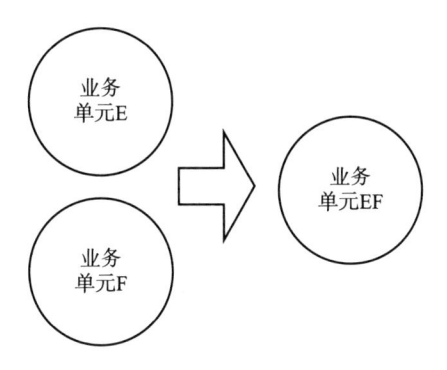

企业业务单元的融合

图3-8 企业维度的主导创建方式

资料来源：根据周永亮. 价值链重构：商业模式的创新源泉 [M]. 北京：机械工业出版社，2016. 整理所得。

[①] 周永亮. 价值链重构：商业模式的创新源泉 [M]. 北京：机械工业出版社，2016：118-130.

(二) 产业维度

产业的演化是垂直分解、整合的周期交替。创造并主导价值链方式下产业维度探讨的是产业的融合和链条形态的改变。

产业融合导致产业外参与者能够提供相同功能的产品，从而促使原来垂直结构的分解。产业结构演化源于跨产业的知识与技术外溢，这使得产业重新建立垂直结构变得不可能。此状态下的产业结构演化，表现为新的非线性产业结构出现，不同产业之间的技术、产品、组织、管理、市场等一系列的融合，迸发了产业系统创新，这一创新活动会推进现有产业结构体系的优化升级，促进整个产业系统的高级化发展。由于融合型的新产业价值链融合了两个或者多个产业的价值活动环节，比原有的产业具有更多的价值增值点和更多的利润空间。产业从初始的垂直整合状态转化到分解状态，此时的产业结构是非线性的，产业有自主选择核心利润环节的能力，并创造核心价值，在新的产业边界进行产业整合，使整个价值链条形态和价值创造方式发生改变。

以具体产业融合效果实例来看，信息技术在产业价值链各个环节上的渗透应用，通过研发出新的产品或是改善现有产品的功能来提高产品的性价比、满足市场需求从而获取更大的价值增值，即从原来较为简单的产品通过技术改造变换为更精细的产品，实现价值链重构，未来价值链的演变形态也不仅仅局限于"U"形曲线。如图3-9所示，曲线a为一般产品的价值链曲线，上游研发和下游销售环节的利润高，中间组装加工制造环节的利润偏低。如果信息技术渗透到中间环节，通过工艺改造使得价值链中游的价值增值能力逐渐升高，此时"微笑曲线"将向"悲伤曲线"或者"彩虹曲线"移动，逐步演变成曲线d；如果信息技术渗透到上游和中游，上游和中游的价值增值能力升高，下游销售环节价值增值能力降低，未来产业的演变就是一条自左而右逐渐下降的平滑曲线，如图3-9中的曲线e

所示，例如晶体硅太阳能电池产业；如果信息技术渗透到中下游环节，上游设计研发环节价值增值能力下降，中、下游制造、售后环节价值增值能力上升，价值链曲线逐渐演变成自左而右上升的曲线，如图3-9中的曲线f所示。

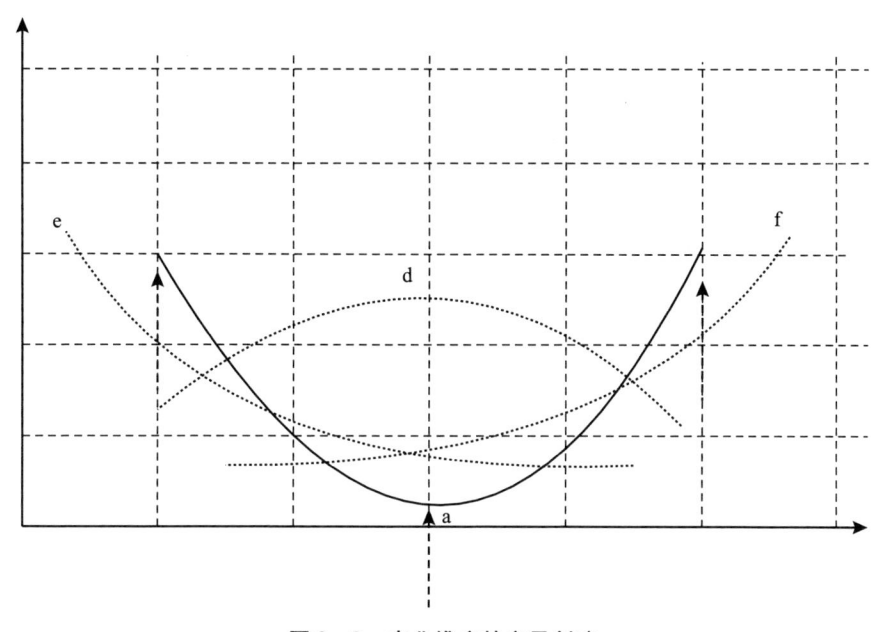

图3-9 产业维度的主导创建

（三）国家维度

国家维度的主导创建方式探讨的是主导RVCs，找准本国的竞争优势，有选择地联合周边国家主导形成一条关键环节由本国控制的区域价值链，如图3-10所示，仍以B国为例，B国仅控制研发、设计等高附加值环节，将其他环节有选择地外包给C和D等发展中国家。主导RVCs与构建NVCs的区别在于，一般而言，NVCs与GVCs是共同发展的两条价值链，如果发展中国家地区不利用全球价值链分工机会而封闭式地单纯构建国内价值链，则可能会错失国际产业转移机会，而RVCs可独立于 GVCs 存在，主导 RVCs 后是否以新的角色参与 GVCs 分工，则视产业发展状况而定。

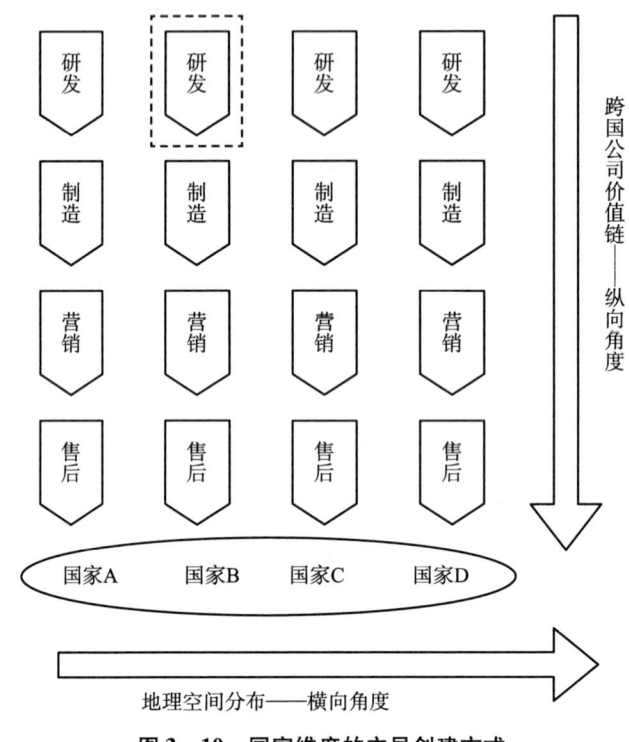

图 3-10 国家维度的主导创建方式

第三节 全球价值链重构的动力

一、内生动力

企业价值链重构的动力分为内生动力与外生动力，内生动力分为技术进步和价值链解构和重组活动。

（一）技术进步

这是产品内国际分工产生和发展的最根本动因。它影响了产品本身的技术特点、工艺可分性等生产因素，同时也改变了运输费用、信息交换成本等分工组织成本；改变产品组成和工艺可分性以及国际分工的组织成本；企业通过技术能力的提升，改善竞争能力，使得企业更好且更有效地从事产品的生产或者更多技能活动，进而从事更高附加值的活动，重塑企业在GVCs的地位。在GVCs分工背景下，企业的技术创新是实现企业价值链重构的内生动力，企业从GVCs分工中获得企业所需的知识和技术，并对其进行改造，使其与本企业现有知识和技术相适应，通过内外部创新资源的相互作用创造出新知识、新技术，并将新技术和新知识高效运用于各环节，增强内部业务的价值增值能力，实现企业价值链的重构。这是一个从技术知识的获取、吸收到创新的循环上升过程，是技术创新引发新的市场需求的过程，也是复杂系统中的自组织过程。在GVCs分工背景下，企业可以利用价值链中流动的知识和技术，对本企业的技术及知识进行改进和再创造，从而形成核心竞争优势，为企业创造价值。同时中小企业通过增强柔性、灵活性等方式积极主动地与发达国家中的先进企业进行合作，在合作过程中积极吸收企业发展所需要的技术和知识。

（二）产品/产业的生命周期运动

产品/产业自发的生命周期运动会促进价值链的不断解构、重组，从而迸发出适应产品/产业发展的新动力。价值链的不断分解，使得价值链被拆分成不同的增值片段，价值链的线性结构改变为非线性结构，价值链结点变得可供选择，不同的价值链选取合适的融合环节重新组合，进而赋予价值链新的价值创造能力，企业的重心转移，有针对性地重视某一特定片段、环节，利用自身在特定环节的比较优势，将比较优势转化为竞争优势，重新构建适合自己的价值链，做出相应的战略调整。

二、外生动力

GVCs 重构的外生动力是 GVCs 背景下的外包（outsourcing）和外商直接投资（FDI）方式的改变、产业集聚和转移等产业组织形态的改变和国家利益诉求的变化。

（一）外包与 FDI

随着贸易全球化，企业为追求利润最大化，商品生产环节被分散到世界各地，随着生产链条的分割化和国际市场竞争的白热化，拥有不同类型产品的企业通过不同方式进入 GVCs，对于资本和技术密集型的产品或服务，企业多采用 FDI 以垂直一体化方式进入 GVCs，对于劳动密集型或技术依赖度低的产品或服务，通常采用外包或加工贸易的方式参与全球化生产。企业通过外包或者控股方式使得企业更专注于核心业务上，企业外部的业务流动（外包和 FDI）使得企业核心业务能力改变，企业获得新的竞争优势。相同产品或者替代企业的集合形成产业，企业核心业务能力的改变作为内生推动力，又使产业链的链条形态和价值能力发生变化。

（二）产业的集聚与转移

GVCs 重构的外在动力是不同类型企业与企业进行融合、集聚等合并或者分立的活动。相同产品或者替代企业的集合形成产业，产业纵向一体化的价值链分解后，企业与上下游企业并非简单的交易关系，而是一种网络组织关系，产业组织模式通过集聚化和模块化分工，实现产业组织的创新，获得结构优化，促进价值链重构，产业组织自身的涨落贯穿于产业发展每个环节与空间，并通过涨落完成产业结构和功能的不断调整，推动产业整体的演化，从而推动产业重构。

（三）国家的利益诉求和全球生产网络主导权的争夺

一般情况下网络各环节价值分配存在差异，外围生产环节相对核心环节在价值分布上处于不利地位，这种价值分配的差异促使网络外围国家通过自身价值链跃迁，向制造网络的关键节点乃至网络的核心节点不断升级和完善，以至最终实现对全球制造网络的重组和主导。无论是发达国家或新兴经济体，均追求资源的更有效配置。发达国家不满足于在制造、加工环节被新兴经济体中的企业控制，企图掌控价值链的全部环节。从发达国家的角度来看，GVCs重构可以延长价值链在全球范围的长度，有利于发达国家就业率的增加。从新兴经济体角度来看，发达国家主导的国际分工存在严重的市场失效，损害新兴经济体及其企业的利益，使得在GVCs中处于地位低下的企业、东道国政府具有改变所处地位的动机。国别利益的分配变化，新兴经济体及企业不进则退，在GVCs中所处位置低下的国家，具有改变其所处地位的动机。处于GVCs中低端的新兴经济体的优秀企业基于创新驱动，通过累积和寻求能力，实现升级，从而打破由发达国家及其企业主导的国际分工。

三、循环推动力

从企业、产业和国家三个层面来看，GVCs重构的内生动力和外生动力并不是独立发生的，而是逐渐循环推动的过程。企业价值链重构、产业价值链重构与国家价值链重构并不是相互独立的三种方式，技术创新伴随着产品/产业的生命周期运动和外包、FDI驱动了企业价值链发生重构，企业价值链重构导致企业核心竞争力改变，价值链重构又作为内生动力，产业的转移与融合作为外生动力，推动产业价值链重构；最后，产业价值链形态发生改变并作为内生动因，并结合作为外生动力的国家利益诉求，共同推动国家价值链重构和国家利益分配形式发生改变（如图3-11）。

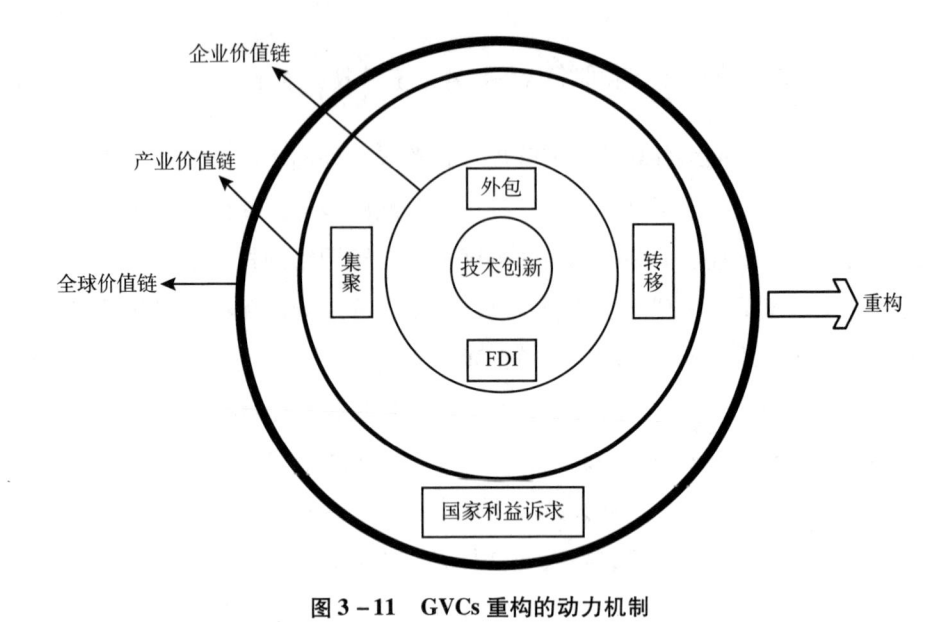

图 3–11　GVCs 重构的动力机制

第四节　全球价值链重构的超循环过程

1970 年，德国生物学家艾根（Manfred Eigen）在观测生物化学中的循环现象后提出超循环理论，该理论认为在生命体系的物质转化的过程中，生物体的化学作用存在一个分子自组织阶段，通过复杂的复合超循环的形式，实现蛋白质和核酸的相互合作，从而完成从非生命物质向生命物质转化的质的飞跃，促使生命信息的起源和进化，后续的超循环理论用于研究整个自然界的演化。超循环理论从低级到高级，分为反应循环、催化循环和超循环。

超循环系统认为自然界的事物都是发展与循环的，是一种形式的系统整合和功能整合。超循环系统有其一定的特征，其物质形态和能量系统可以互相交换、系统信息可以自我复制，同时系统功能可以进行非线性的耦合作用（吴彤，1996，2001；李曙华，2005）。超循环主要的研究是基于动态、开放的系统，以及系统内部各个子系统之间复杂的相互作用关系。近年来，超循环系统理论运用于企业演变过程中，例如企业创新战略创新能力的演化（勒洪，2011）和高技术企业研发系统的组织模型构建（谭可欣，2009）等。

过往研究 GVCs 分工体系主要基于产业或国家的数据定量描述本国某产业嵌入 GVCs 的位置和分工情况，较少把 GVCs 作为一个开放的、稳定的、功能耦合的体系研究企业在 GVCs 中的作用和链条的转换过程，本节将 GVCs 作为一个系统体系，运用超循环理论模型进行分析，将价值链分工环节进行解构，打开企业的黑箱，找寻一国参与 GVCs 重构的演变过程。

GVCs 重构分为企业内部的业务单元重构、企业与企业之间的关联度和企业创利能力重构以及国家在价值链中的地位和获利能力的重新分配。企业、产业和国家三个维度的价值链重构并不是相对独立的，其关系是——递进的，企业的重构驱动产业继而驱动 GVCs 重构的演化过程，本节借鉴超循环模型，打开企业黑箱，阐述产业参与 GVCs 重构的超循环过程。

一、企业内部反应循环

价值链的核心结点企业具有输入、转换和输出的功能，企业本身进行反应循环。以制造企业 S 为例，e 为企业价值链重构的催化酶，也就是企业价值链重构的动力，即技术进步、产品自然生命周期的运动以及企业的外包和 FDI 活动。企业价值链重构更多的是一种反应循环，即企业内部业务重构过程中，在内部技术创新、外部与其他企业进行的业务活动往来等动力催化作用下，内部的业务单元进行归核、裂变和融合等重新组合，原企业 S 有 A、B、C、D、E、F 等业务单元，属于初创期的企业为了获得新的竞争力和更高的核心竞争力，在动力催化影响下，得到的产物 P 是内部业务单元进行重构的制造企业（内部业务单元进行重构的方式有三种，归核、融合和裂变,例如 A、B 业务单位归核于 B 业务单元;E、F 业务单元融合成 EF 业务单元,D 业务单元裂变出 d1 和 d2 两个业务单元等),在结点的反应循环内,出现简单的有序循环,保证各个结点实现其功能,如图 3-12 所示。

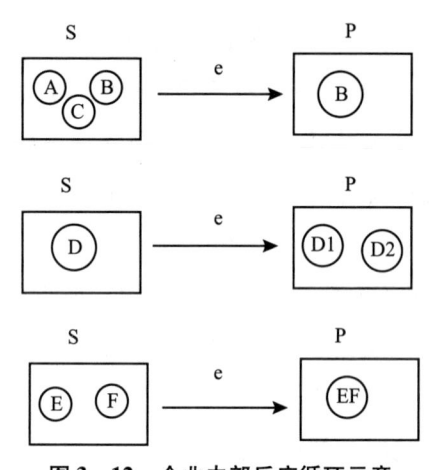

图 3-12 企业内部反应循环示意

注:e:催化酶,包括技术创新和企业的外包、FDI 等行为。

二、产业价值链催化循环

企业比较优势、资源禀赋和能力是动态变化的,企业在内部重新整顿后,以新的竞争优势选择产业链和价值链的结点环节,在此结点环节不断积累经验,扩大规模实现规模经济,同时开始追求在产业链中进行节点移动。相同产品或者替代企业的集合形成产业,产业价值链每个节点都有它作为业务单元的特定价值能力。如图 3-13 所示,依旧以企业 S 为例,假设产业链条主要有 S1、S2、S3 和 S4 研发、生产、销售和售后四个主要的核心环节作为子系统环节,每个环节结点都由许多功能相似的企业构成,子系统内部由于企业价值链重构使得企业拥有新的核心竞争力,同时产业与产业的交错、互动和集聚、转移改变了原有的竞争格局。企业 S 经过价值链重构的反应循环后得到的 P 企业会有两种变化，第一是进入产业链的环节发生变化，第二是虽然依旧是本环节，但是利润获得能力发生变化。此时的 e（催化酶）为产业的集聚和转移等动力，在产业本身的集聚、转移等催化作用下，每个子系统不断有企业的进入和退出，各业务单元的反应循环在某一阶段的工作又为下一阶段的工作积累了经验和教训并提供了催化支持。研发子系统在已有的技术经验基础上，累积技术成果，为下一个子系统（生产环节）提供支持和动力，以此类推，产业链上各子系统的催化循环在功能上耦合起来，相互提供催化支持时，就会形成产业的一元超循环系统。与此同时不同的子系统耦合在一起，彼此存在相互依存、相互制约的关系。一方面，它们之间存在对立竞争，影响竞争价值链上的核心地位和利润；另一方面，它们又互为对方的"催化剂"，为对方提供上一环节的资源累积，推动下一环节的高效运动。两者的耦合作用，使得双方都能得到对方的催化支持，从而在更高的层次上加速对方的发展，使产业整体呈现出螺旋式上升态势。同时，由于产业的横向关联与纵向关联，产业价值链相互之间又有关联，各个结点在功能上相互耦合、相互提供催化，又将能量传递给下一环节。当产业链各个子系统相互竞争而又协同运作时，这种牵引式催化循环、重复运行所形成的超循环无疑形成了促使产业价值链重构的强大动力。

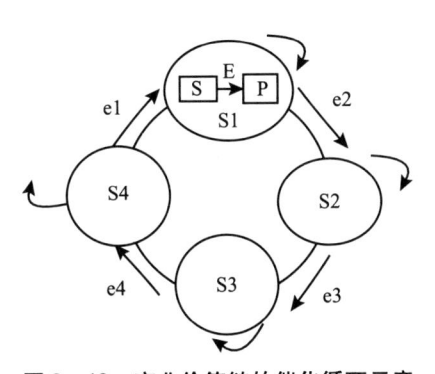

图 3-13　产业价值链的催化循环示意

注：e1、e2、e3、e4：催化酶，主要包括企业价值链重构和产业的集聚转移等行为。

三、全球价值链体系超循环

基于区域的变化，全球价值链分工体系中存在不同区域的价值链，例如部分学者认为在 GVCs 分工体系中存在美欧等发达国家和地区主导的以服务业为主要竞争优势的价值链，包括中国在内的东亚地区主导的以制造业为主要竞争优势的价值链和其他发展中国家主导的以自然禀赋为主要竞争优势的价值链（洪俊杰，2018），同时也存在掌握价值链的研发、品牌、营销等核心环节被本土企业掌控的国家价值链 NVCs。本书进一步将产业价值链的催化循环拓展到全球价值链体系中，如图 3-14 所示，全球价值链体系中存在许多不同区域的相关价值链，以价值链 I1、I2、I3 为例，三条价值链彼此存在关联。首先，价值链的各个结点企业在内部形成一个反应循环，原企业 S 为了获得更高的核心竞争力，在动力 E 催化影响下（这里的 E 主要指产业价值链重构和国家利益诉求的变化），得到的产物 P 是内部业务单元进行重构的新企业；新企业的核心竞争力改变，企业的集合，产业的链条结点的竞争力会改变，表现为图中 S1、S2、S3 和 S4 等主要结点的变化，结点与结点之间相互催化，形成一个催化循环；同时由于相关区域内产业价值链的重构行为和国家利益诉求的推动催化作用，不同区域价值链将能量传递，各个结点在功能上相互耦合、相互提供催化，又将能量传递给下一条关联区域价值链，I1 价值链将价值链重构的能力传导给 I2，I2 又传导给 I3，以此类推，最后返传导回 I1，形成一个网络超循环，不断重构价值链的核心能力。一方面，链条与链条之间存在竞争；另一方面，一条价值链的升级和发展，又可推动其他相关链条的发展，从而整合形成网络核心能力，增强网络竞争优势，完成 GVCs 的重构过程。

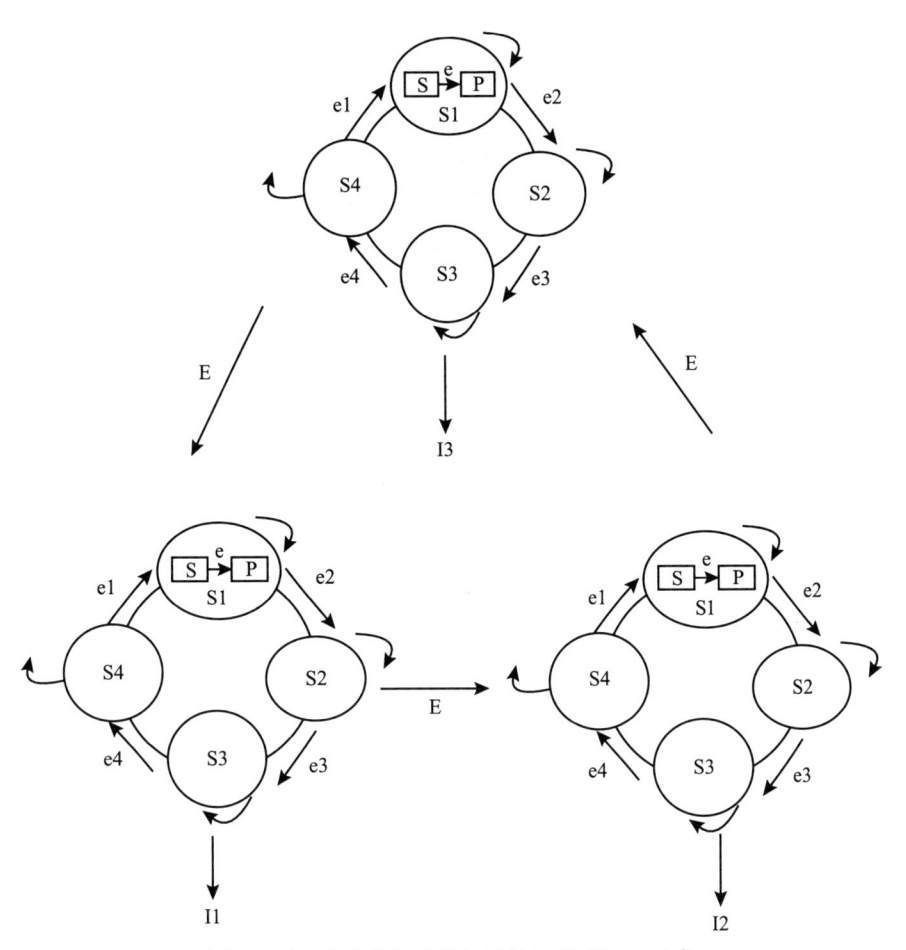

图 3-14 产业参与 GVCs 重构超循环过程示意

注：E：催化酶，主要包括产业价值链重构和国家对全球生产网络主导权和利益的诉求等行为。

第四章 高技术制造业参与全球价值链重构现状

第一节 增加值核算框架

高技术制造业由于其高技术性、高研发投入、高创新性、高智力密度、高需求收入弹性、高收益和高风险等特征，全球价值链分工不同于中低技术产业，有以下四个特征。

第一，中间品贸易数量多。高技术制造业由于产品技术的复杂性和环节分工的不可替代性，其产品内分工跨区域特征明显。产品生产环节的空间化分布导致更多的国家参与到全球价值链国际分工的不同环节，中间品贸易数量增多。

第二，价值链链条更长。高技术制造业由于技术的高密度性，分工的细化程度高，分工环节多，价值链的结点更密集，高技术制造业价值链的链条长度较传统制造业更长。

第三，各个环节的增加值与盈利能力水平差异较大。高技术制造业价值链主要包括设计研发、加工组装和销售、售后等主要环节，由于其技术的高密度性，技术含量高、难以被复制，其价值含量远远高于其他环节，链条形态坡度较其他产业更陡峭，产业全球价值链中各个环节的增加值与盈利能力水平有较大差异。

第四章　高技术制造业参与全球价值链重构现状

第四，价值链位置固化严重。从国际贸易视角来看，高技术产品生产过程被分割成从属不同国家或不同区域的生产环节，发达国家的跨国公司主导高利润环节，而后进工业国被锁定在低端环节，并且由于技术的难复制性，这种固化的分工位置短期内难以被突破。

在《中国制造2025》等战略引领下，中国加快科技创新能力提升和技术改造，大力发展先进制造业，积极推动传统产业转型升级，争取国际竞争的主动。

以增加值为核心的贸易核算体系是近年来学者们探讨各国各产业在国际贸易中实际利益所运用的工具。基于GVCs，运用增加值作为统计口径，以库普曼（Koopman，2008，2010，2012）的KPWW为主要研究方法，形成国民账户核算体系的增加值统计法（value added），该方法通过构建全球多部门投入产出数据库，将一国的增加值分解为不同的部分进行估算。这一体系可以较好地避免传统统计口径中的重复计算，反映产品价值在世界范围内分配的真实利得，观测一国出口产业的"质"与"量"的差异。

此核算体系较为真实地反映了产品价值在各国间的分配，并且排除了传统的贸易统计方式中重复计算的部分，为度量各国各产业实际贸易利得创造了条件。按照增加值分解的思路，得到一国出口产品的价值在世界各国各产业的分配向量，通过对出口增加值在总量和构成比例等方面的剖析，我们知悉了各国高技术制造业在"量"上的竞争力和发展趋势。基于库普曼等（2008，2010，2012）提出的全球价值链"质"的测度方法，后续学者将此方法进一步细化拓展，形成WWZ核算方法。本节的出口国内增加值基于此方法测算。

如表4-1所示，假设有m个国家（地区），每个国家（地区）有n个部门，其中Z^{ij}表示j国使用的i国生产的中间投入品（i，j = s，r，t，…，m）；Y^{ij}表示j国使用的i国生产的最终使用品；Z^{ij}和Y^{ij}均为n×n的矩阵。X^i和VA^i分别表示总产出（总投入）和生产过程中因投入生产要素而创造的增加值，其中，X^i是n×1的列向量，VA^i是1×n的行向量。表的纵向表明一国生产过程中的中间投入使用情况,包括本国以及国外进口两种途径,并且明确地显示了进口的具体来源国别(地区)及数量。

表 4-1　　　　　　　　　世界投入产出联系表

投入			产出									总产出
			中间使用					最终使用				
			S 国	R 国	T 国	⋯	m 国	S 国	R 国	T 国	⋯	m 国	
			1,⋯,n	1,⋯,n	1,⋯,n		1,⋯,n						
中间投入	S 国	1,⋯,n	Z^{ss}	Z^{sr}	Z^{st}	⋯	Z^{sm}	Y^{ss}	Y^{sr}	Y^{st}	⋯	Y^{sm}	X^s
	R 国	1,⋯,n	Z^{rs}	Z^{rr}	Z^{rt}	⋯	Z^{rm}	Y^{rs}	Y^{rr}	Y^{rt}	⋯	Y^{rm}	X^r
	T 国	1,⋯,n	Z^{ts}	Z^{tr}	Z^{tt}	⋯	Z^{tm}	Y^{ts}	Y^{tr}	Y^{tt}	⋯	Y^{tm}	X^t
	⋯		⋯	⋯	⋯		⋯	⋯	⋯	⋯		⋯	⋯
	m 国	1,⋯,n	Z^{ms}	Z^{mr}	Z^{mt}	⋯	Z^{mm}	Y^{ms}	Y^{mr}	Y^{mt}	⋯	Y^{mm}	X^m
增加值			VA^s	VA^r	VA^t	⋯	VA^m	—	—	—	—	—	
总投入			X^s	X^r	X^t	⋯	X^m	—	—	—	—	—	

本章采用 WWZ 的分解法,即总贸易核算法,以投入产出模型为基础,通过利用世界投入产出表(WIOT)将总出口彻底分解,在产业层面上将国家双边出口的增加值根据中间投入价值来源、最终吸收地和吸收渠道的不同进行分解。在世界投入产出表的行向上存在"总投入 = 总产出"的平衡式,通过建立平衡关系式和定义投入产出系数可逐步对中间品贸易流进行完全分解。以 S 国、R 国和 T 国为例,行向上存在以下平衡式:

$$\begin{bmatrix} Z^{ss} + Z^{sr} + Z^{st} \\ Z^{rs} + Z^{rr} + Z^{rt} \\ Z^{ts} + Z^{tr} + Z^{tt} \end{bmatrix} + \begin{bmatrix} Y^{ss} + Y^{sr} + Y^{st} \\ Y^{rs} + Y^{rr} + Y^{rt} \\ Y^{ts} + Y^{tr} + Y^{tt} \end{bmatrix} = \begin{bmatrix} X^s \\ X^r \\ X^t \end{bmatrix} \quad (4.1)$$

定义投入系数 $A^{sr} = Z^{sr}(\hat{X}^r)^{-1}$,则有:

$$\begin{bmatrix} A^{ss} & A^{sr} & A^{st} \\ A^{rs} & A^{rr} & A^{rt} \\ A^{ts} & A^{tr} & A^{tt} \end{bmatrix} \begin{bmatrix} X^s \\ X^r \\ X^t \end{bmatrix} + \begin{bmatrix} Y^{ss} + Y^{sr} + Y^{st} \\ Y^{rs} + Y^{rr} + Y^{rt} \\ Y^{ts} + Y^{tr} + Y^{tt} \end{bmatrix} = \begin{bmatrix} X^s \\ X^r \\ X^t \end{bmatrix} \quad (4.2)$$

通过调整得到最终需求所拉动的总产出公式,即里昂惕夫公式:

$$\begin{bmatrix} X^s \\ X^r \\ X^t \end{bmatrix} = \begin{bmatrix} B^{ss} & B^{sr} & B^{st} \\ B^{rs} & B^{rr} & B^{rt} \\ B^{ts} & B^{tr} & B^{tt} \end{bmatrix} \begin{bmatrix} Y^{ss} + Y^{sr} + Y^{st} \\ Y^{rs} + Y^{rr} + Y^{rt} \\ Y^{ts} + Y^{tr} + Y^{tt} \end{bmatrix} \quad (4.3)$$

其中:

$$\begin{bmatrix} B^{ss} & B^{sr} & B^{st} \\ B^{rs} & B^{rr} & B^{rt} \\ B^{ts} & B^{tr} & B^{tt} \end{bmatrix} = \begin{bmatrix} I - A^{ss} & -A^{sr} & -A^{st} \\ -A^{rs} & I - A^{rr} & -A^{rt} \\ -A^{ts} & -A^{tr} & I - A^{tt} \end{bmatrix}^{-1} \quad (4.4)$$

式(4.4)为里昂惕夫逆矩阵,是一个完全中间投入需求系数。即 A 是直接消耗矩阵,B 是里昂惕夫逆矩阵。基于里昂惕夫的观点,根据产品最终被吸收的国家,分解 R 国的总产出为以下九个部门:

$$X^r = B^{rs}Y^{ss} + B^{rs}Y^{sr} + B^{rs}Y^{st} + B^{rr}Y^{rs} + B^{rr}Y^{rr} + B^{rr}Y^{rt} + B^{rt}Y^{ts} + B^{rt}Y^{tr} + B^{rt}Y^{tt}$$
(4.5)

即可得到 R 国总产出分解为不同最终品所拉动的产出。因此可将 S 国向 R 国的中间出口分解为以下 9 个部分:

$$Z^{sr} = A^{sr}X^r = A^{sr}B^{rs}Y^{ss} + A^{sr}B^{rs}Y^{sr} + A^{sr}B^{rs}Y^{st} + A^{sr}B^{rr}Y^{rs} + A^{sr}B^{rr}Y^{rr}$$
$$+ A^{sr}B^{rr}Y^{rt} + A^{sr}B^{rt}Y^{ts} + A^{sr}B^{rt}Y^{tr} + A^{sr}B^{rt}Y^{tt} \quad (4.6)$$

定义增加值系数 $V^s = VA^s(X^s)^{-1}$,V^r 和 V^t 同理可得,定义完全增加值系数为:

$$VB = \begin{bmatrix} V^s & V^r & V^t \end{bmatrix} \begin{bmatrix} B^{ss} & B^{sr} & B^{st} \\ B^{rs} & B^{rr} & B^{rt} \\ B^{ts} & B^{tr} & B^{tt} \end{bmatrix} \quad (4.7)$$

可得到国内完全增加值系数矩阵和外国的完全增加值系数矩阵,在一个单个国家的投入产出模型中,可以计算出完全增加值系数矩阵,并整合如下式：

$$VB = [V^sB^{ss} + V^rB^{rs} + V^tB^{ts}, \quad V^sB^{sr} + V^rB^{rr} + V^tB^{tr}, \quad V^sB^{st} + V^rB^{rt} + V^tB^{tt}] \tag{4.8}$$

根据按价值来源方向和产业间后向联系分解最终品的方法，任一单位的最终品产出都可以分解成所有国家和部门的增加值。对 S 国而言，存在下式：

$$V^sB^{ss} + V^rB^{rs} + V^tB^{ts} = [1 \quad 1] \tag{4.9}$$

E^{sr} 表示 S 国对 R 国的出口矩阵，可分解为最终出口和中间产品出口，存在：

$$E^{sr} = Z^{sr} + Y^{sr} = A^{sr}X^r + Y^{sr} \tag{4.10}$$

因此，S 国的总出口可表示为：

$$E^s = E^{sr} + E^{st} = A^{sr}X^r + A^{st}X^t + Y^{st} + Y^{sr} \tag{4.11}$$

R 国的总出口 E^r 和 T 国总出口 E^t 同理。代入式（4.2），则可得到：

$$\begin{bmatrix} A^{ss} & 0 & 0 \\ 0 & A^{rr} & 0 \\ 0 & 0 & A^{tt} \end{bmatrix} \begin{bmatrix} X^s \\ X^r \\ X^t \end{bmatrix} + \begin{bmatrix} Y^{ss} + E^s \\ Y^{rs} + E^r \\ Y^{ts} + E^t \end{bmatrix} = \begin{bmatrix} X^s \\ X^r \\ X^t \end{bmatrix} \tag{4.12}$$

可通过调整得到：

$$\begin{bmatrix} X^s \\ X^r \\ X^t \end{bmatrix} = \begin{bmatrix} L^{ss}Y^{ss} + L^{ss}E^s \\ L^{rr}Y^{rs} + L^{rr}E^r \\ L^{tt}Y^{ts} + L^{tt}E^t \end{bmatrix} \tag{4.13}$$

其中，S 国的国内里昂惕夫逆矩阵可用 $L^{ss} = (I - A^{ss})^{-1}$ 表示，L^{rr} 和 L^{tt} 同理，即 L 表示一国国内里昂惕夫逆矩阵，S 国向 R 国的中间产品出口重新写为：

$$Z^{sr} = A^{sr}X^r = A^{sr}L^{rr}Y^{rr} + A^{sr}L^{rr}E^r \tag{4.14}$$

基于里昂惕夫的观点，S 国的最终产品出口可分解为：

$$Y^{sr} = (V^sB^{ss})^T \# Y^{sr} + (V^rB^{rs})^T \# Y^{sr} + (V^tB^{ts})^t \# Y^{sr} \tag{4.15}$$

联合公式，得到 S 国对 R 国的总出口的分解等式：

$$E^{sr} = A^{sr}X^r + Y^{sr}$$
$$= (V^sB^{ss})^T \# Y^{sr} + (V^sL^{ss})^T \# (A^{sr}B^{rr}Y^{rr})$$
$$+ (V^sL^{ss})^T \# (A^{sr}B^{rt}Y^{tt}) + (V^sL^{ss})^T \# (A^{sr}B^{rr}Y^{rt})$$
$$+ (V^sL^{ss})^T \# (A^{sr}B^{rt}Y^{tr}) + (V^sL^{ss})^T \# (A^{sr}B^{rr}Y^{rs})$$
$$+ (V^sL^{ss})^T \# (A^{sr}B^{rt}Y^{ts}) + (V^sL^{ss})^T \# (A^{sr}B^{rs}Y^{ss})$$
$$+ (V^sL^{ss})^T \# [A^{sr}B^{rs}(Y^{sr} + Y^{st})] + (V^sB^{ss} - V^sL^{ss}) \# (A^{sr}X^r)$$
$$+ (V^rB^{rs})^T \# Y^{sr} + (V^rB^{rs})^T \# (A^{sr}L^{rr}Y^{rr}) + (V^rB^{rs})^T \# (A^{sr}L^{rr}E^r)$$
$$+ (V^tB^{ts})^T \# Y^{sr} + (V^tB^{ts})^T \# (A^{sr}L^{rr}Y^{rr}) + (V^tB^{ts})^T \# (A^{sr}L^{rr}E^r)$$
$$\tag{4.16}$$

上标 T 表示转置矩阵的运算，#代表两个矩阵对应元素的点乘，式（4.16）表示一个双边部门层面贸易流量的分解框架，可将细分产业层面的国际贸易流分解。其中增加值与其价值来源通过产业部门的后向联系计算得来，而出口的最终吸收地与吸收路径通过前向联系追踪。将式（4.1）至式（4.16）一共16个部分按照先后顺序定义为第1部分到第16部分。通过归纳整理，各分解部分含义与关系如图4-1所示。

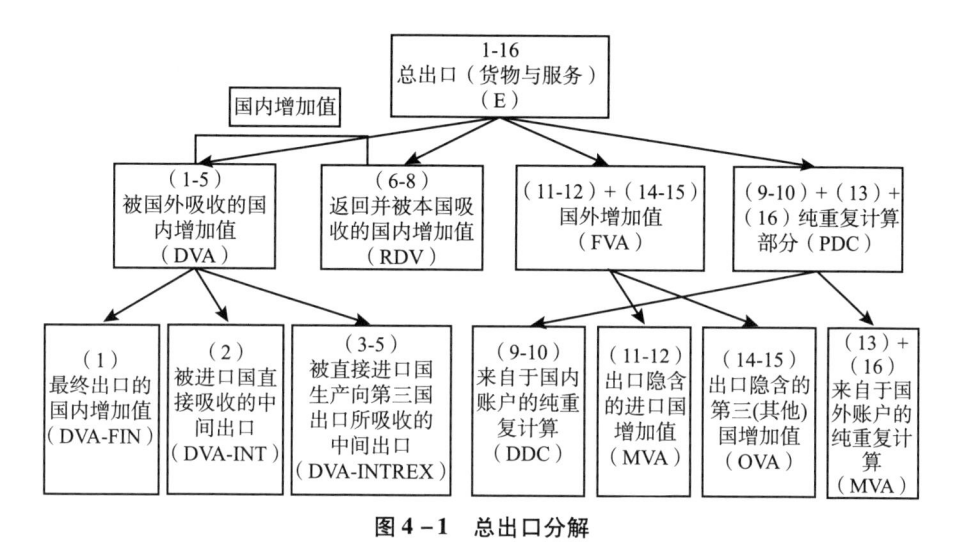

图 4-1 总出口分解

资料来源：根据王直，魏尚进，祝坤福. 总贸易核算法：官方贸易统计与全球价值链的度量[J]. 中国社会科学，2015（9）：108-127，205-206. 整理。

第二节　全球价值链重构能力

一、全球价值链重构能力指标测度

传统的 RCA 指数既忽略了国内的生产分工，又忽略了全球价值链分工背景下的国际生产分享特征（international production sharing），不能反映出口产业真正的竞争优势。故本节参考了魏龙和王磊、李惠茹和陈兆伟对 RCA 指标进行的修改，提出增加值显性比较优势（value-add revealed comparative advantage，VRCA）指数，测算不同产业的显性比较优势指数，针对不同高技术制造业提出路径选择。本节基于总出口的增加值分解方法，对 RCA 指数进行改进，完成贸易增加值对出口额的替换，利用增加值核算体系重新构建增加值显性比较优势指标，如式（4.17）所示，DVA_{si} 表示 s 国 i 行业产品出口的国内增加值部分，WVA_i 表示世界各国 i 行业产品出口的国内增加值部分总和，E_{si} 表示 s 国 i 行业产品出口额，E_i 表示世界各国 i 行业产品总出口额：

$$VRCA_{is} = \frac{DVA_{si}/E_{si}}{WVA_i/E_i} \qquad (4.17)$$

在数据选择方面，亚洲开发银行基于世界投入产出表（WIOD）推出 ADB – WIOD 数据库，在 2022 年最新发布的数据库当中涵盖 62 个国家和地区的 35 个行业 2010~2021 年的投入产出数据，其中包括"一带一路"国家共计 31 个，高技术制造业为 ADB – WIOD 数据库的 C9（化学原料及化学制品制造业）、C13（电气设备制造业）、C14（电子和光学设备制造业）、C15（交通运输设备制造业）。

二、全球价值链重构能力国家层面评价

根据国内研究高技术产业主要采用的亚洲开发银行（ADB）的分类方

法，将制造业中的化学原料及化学制品制造业、电气设备制造业、电子和光学设备制造业和交通运输设备制造业四类产业确定为高新技术产业①，基于增加值显性比较优势计算得出2020年全球人均GDP排名数据库中的前五名和后五名国家的VRCA指数，美国、中国、日本、德国和英国这些GDP排名较前的国家VRCA指数变化较为平缓，说明在全球价值链重构路径发展中受到的影响较小，全球价值链地位的不断攀升，主要以对全球价值链的治理研究为主，这些国家全球价值链参与度不断加强。

和GDP排名较前的国家相比，越南、孟加拉国、巴基斯坦、文莱和斯里兰卡这些GDP排名较后的国家VRCA指数波动均较大。其中，孟加拉国化学原料及化学制品制造业以及交通运输设备制造业的VRCA指数变化波动剧烈，说明GDP排名较后的国家参与GVCs重构的竞争力不断下降，其出口产品不具有竞争优势且产品国际竞争力不强，在全球价值链重构中的参与度不强。

三、全球价值链重构能力细分行业整体评价

（一）化学原料及化学制品制造业参与全球价值链重构能力整体评价

增加值显性比较优势可以反映出口产品的竞争优势，根据ADB数据库计算得到增加值显性比较优势，将每年所有国家的VRCA指数相加得到某年VRCA总和再除以其国家总数得到某年VRCA平均值，观察所选取国家和平均每年VRCA指数变化趋势可知全球价值链重构能力的变化趋势。在所有高技术行业中，化学原料及化学制品制造业参与GVCs重构的能力基本最强，说明化学原料及化学制品制造业的出口具有较强的竞争优势和产品国际竞争力。

---

① 数据库来源：UIBE GVC数据库。

由图 4-2 可知，和 GDP 较前的国家相比，GDP 较后国家的 RVCA 指数较大且波动幅度也大，其主要的原因是因为越南、孟加拉国等国家拥有低劳动成本的优势，在全球价值链早期占据重要地位。但随着技术的不断发展，劳动力优势被不断替代。因此，在 2010 年之后 GDP 较后的国家 RVCA 指数不断呈现下降的趋势。

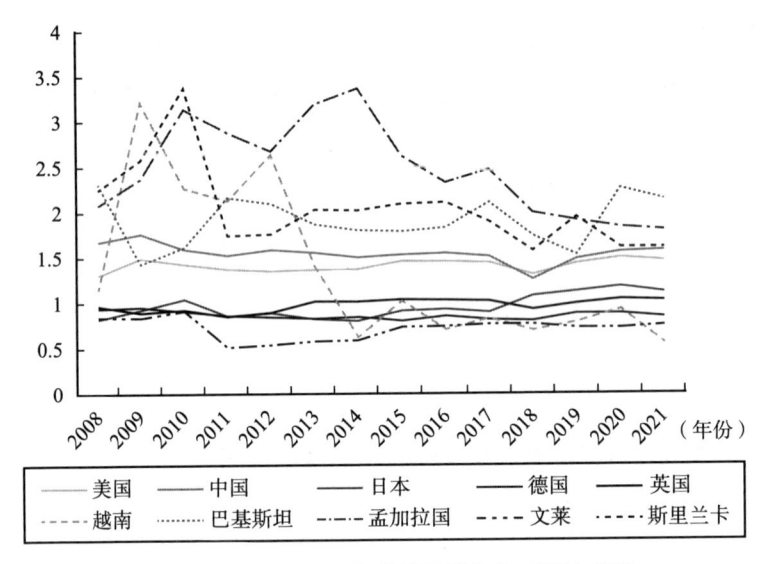

图 4-2 化学原料及化学制品制造业 RVCA 指数

资料来源：根据亚洲开发银行数据库（ADB2022）计算。

石油作为一种重要的化工原料，在化学制品中占据重要地位。越南对石油的出口在 2011 年之前不断增长，到 2012 年达到最大值 185.02 千桶/每日，而在 2012 年之后石油出口不断下降，2021 年仅出口 67.90 千桶/每日①。石油巨大的出口差额使得越南化学原料及化学制品的出口减少，由此 RVCA 指数波动幅度大，说明越南在参与 GVCs 重构的能力不稳定，多

---

① 全球经济数据及情报数据库. 越南 | 原油：出口 | 1980—2024 | 经济指标 |CEIC [EB/OL]. www.ceicdata.com/zh-hans/indicator/vietnam/crude-oil-exports.

注重于全球价值链的升级。

(二) 电气设备制造业参与全球价值链重构能力整体评价

根据图4-3，越南、巴基斯坦和文莱这些GDP排名较后的国家RVCA指数在2008年和2011年之间波动幅度较大，其可能的原因是受到金融危机的影响。2007年，美国开始出现次贷危机，但越南等发展中国家首当其冲受到影响，变化为出口下滑、对外投资减少等，使其参与全球价值链重构的能力不稳定。

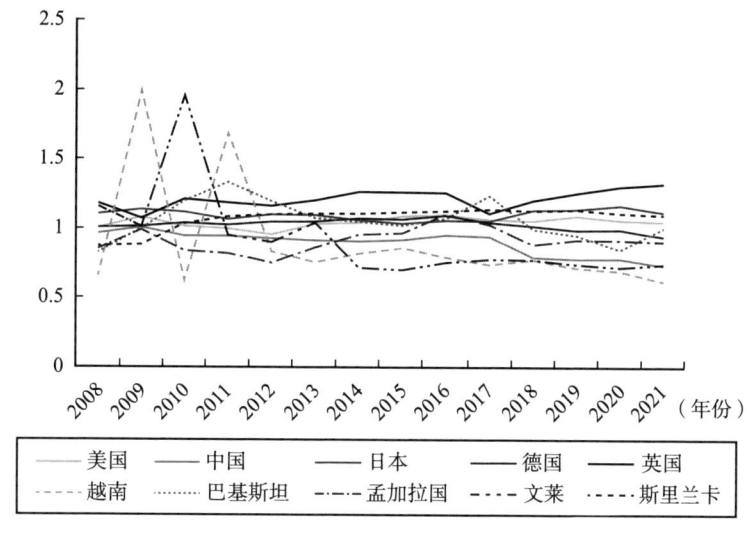

图4-3 电器设备制造业RVCA指数

资料来源：根据亚洲开发银行数据库（ADB2022）计算。

2006年，文莱在西部油气产区建设一个依托石油天然气资源的石化工业园，发展油气下游产业和制造业、电力等基础设施[①]。随着工业园建设的完工以及日本、澳大利亚等国家外资的投入，文莱在电气设备制造业参

---

① 驻文莱使馆经商处. 文莱工业区发展情况 [EB/OL]. 中华人民共和国商务部. 2006-06-26. https：//www.mofcom.gov.cn/zwjg/scdy/yz/art/2006/art_a22bfe6e472c4905a4967bfb3a0f660e.html.

与GVCs重构中不断发展，RVCA指数也不断提高。但文莱薄弱的工业基础和单一的经济结构，并不能使文莱在全球发展中保持地位，2011年文莱RVCA指数下降到0.71，在GVCs重构中的能力有所下降。

反观GDP排名较靠前的国家，美国、中国、日本、德国和英国等国家RVCA指数没有明显变化，表明这些国家在电子与光学设备制造业领域并未经历显著的全球价值链地位重塑，其出口竞争优势保持相对稳定。

（三）电子和光学设备制造业参与全球价值链重构能力整体评价

根据图4-4，中国、日本等国家RVCA变化趋势比较平稳，在参与GVCs重构时的能力会更稳定，产品的竞争优势发挥也会更加稳定。

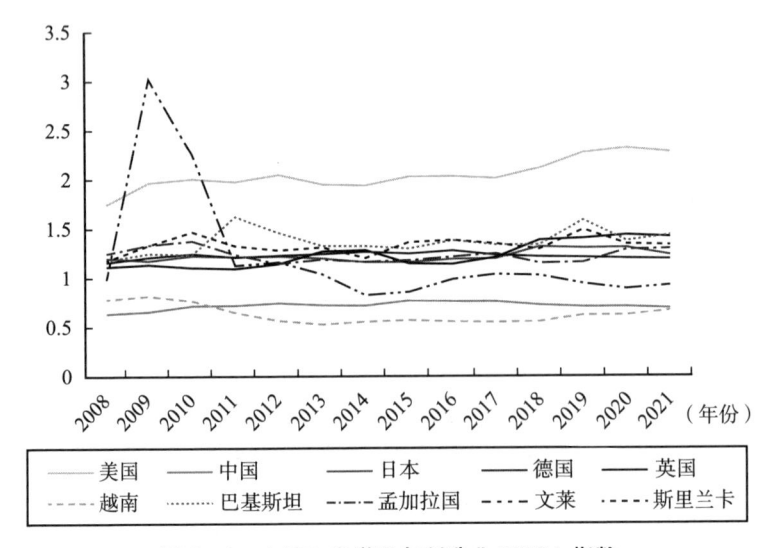

图4-4 电子和光学设备制造业RVCA指数

资料来源：根据亚洲开发银行数据库（ADB2022）计算。

美国电子和光学设备制造业RVCA指数领先其他国家且趋势平稳，这是因为电子制造业不仅是美国制造业领域一个产出规模快速增长的行业，也成为了美国走出战后通胀期、进入一个相对快速发展时期的重要行业。

以半导体技术为核心的信息产业技术发展，美国在半导体技术方面一直处于领导地位，因此，电子和光学设备制造业参与全球价值链重构的能力一直较强。2020年全球供应链体系的运转受到了极大的影响，在美国联邦政府和美联储财政和货币政策的刺激下，美国也出现了近40年来的最高通胀水平，受以上双重因素的影响，美国计算机电子制造业的价格指数才从负增长变为了正增长，2020年美国电子和光学设备制造业参与全球价值链重构能力有所增强。

电子和光学设备制造业参与全球价值链重构能力的变化趋势除文莱外，其他国家变化趋势都比较平缓。文莱为改变国民经济过度依赖油气资源的局面，政府积极推行经济多元化战略，其中一个重要的方面就是扶持中小企业发展，尤其是制造业在文莱的发展①。文莱还吸引大量外资投资建厂，由此扶持经济发展，弥补经济基础弱的缺点。但2019年之后，受到世界经济不稳定、金融危机和贸易战冲突等大环境问题的影响，文莱在电子和光学设备制造业的发展水平不断下降。

（四）交通运输设备制造业参与全球价值链重构阶段演化分析

根据图4-5，和其他高技术制造业产业类似，交通运输设备制造业参与全球价值链重构中美国、中国、日本、德国和英国这些国家的变化趋势不大，发展较为稳定。

孟加拉国政府致力于国内基础设施建设，使得孟加拉国成为南亚地区基础设施行业增长较快的国家之一。鉴于孟加拉国国内交通和电力设施严重不足，随着资本不断投入，电力和交通行业将保持高速发展的态势。受新冠疫情影响，部分项目进展受到一定波及，基础设施行业增长率低于疫情前水平。预计随着新冠疫情逐步得到控制，孟加拉国基础设施行业将逐步复苏。根据Fitch Solutions数据库，2020年孟加拉国基础设施项目主要集中于交通

---

① 驻文莱使馆经商处. 文莱工业区发展情况［EB/OL］. 中华人民共和国商务部. 2006-06-26. https：//www.mofcom.gov.cn/zwjg/scdy/yz/art/2006/art_a22bfe6e472c4905a4967bfb3a0f660e.html.

基础设施领域，占比约65%[①]，远高于其他行业。孟加拉国政府高度重视铁路建设，拟推动铁路成为现代大众运输系统，因此，GVCs 重构 RVCA 指数较大。

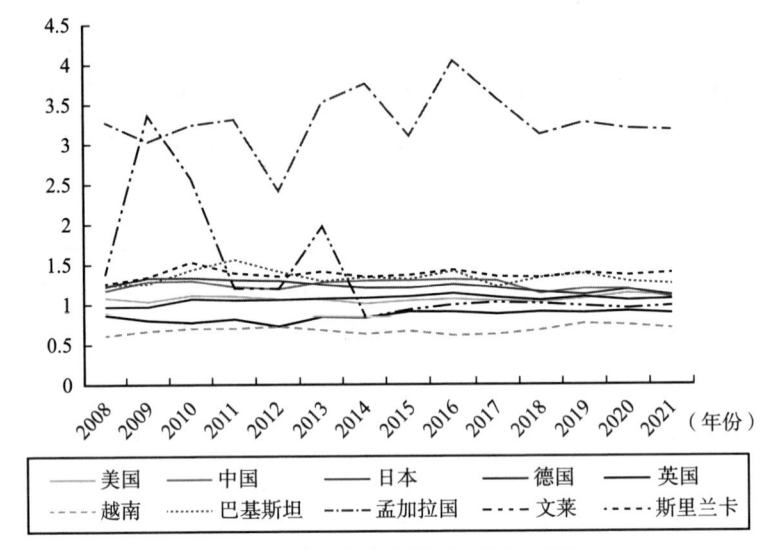

图 4-5 交通设备制造业 RVCA 指数

资料来源：根据亚洲开发银行数据库（ADB2022）计算。

第三节 全球价值链重构程度

一、全球价值链重构程度指标测度

（一）全球价值链重构环比程度

针对全球高技术制造业的国际竞争力如何衡量，戴翔和宋捷（2019）提出测度全球价值链重构的指标应该既能反映更多的发展中国家参与到全

[①] "一带一路"基建指数国别报告——孟加拉国（chinca.org）。

球价值链分工体系中来，又能提升已经融入全球价值链分工体系中的发展中国家分工地位这两个特征由于价值链垂直分离和"碎片化"程度不断提高，传统的 RCA 指数既忽略了国内的生产分工，又忽略了全球价值链分工背景下的国际生产分享特征（international production sharing），不能反映出口产业真正的竞争优势，故本节进一步提出全球价值链重构程度指标，如公式（4.18）所示。

$$RGVC = \frac{VRCA_{it}}{VRCA_{it-1}} \tag{4.18}$$

其中，分子代表 i 行业 t 年的 VRCA 指数，分母代表 i 行业 t-1 年的 VRCA 指数，这一比例越高，某国在 t 年高技术制造业的增加值显性比较优势比上一年更加明显，出口贸易的重构程度也就越强，具有在高技术制造业上更强的竞争力；相反，这一比例越低，则表示某国在 t 年的高技术制造业的增加值显性比较优势越弱，出口贸易的重构程度也越弱。

（二）全球价值链重构同比程度

高技术制造业出口贸易的重构程度指数的定义为一国高技术制造业参与全球价值链重构的程度，t 年 i 产业在出口中的增加值显性比较优势与 2008 年该产业在出口中的增加值显性比较优势的比值。笔者选取了 2008 年的 RVCA 数据作为基准，其原因是 2008 年全球经济危机爆发之后，经济全球化进入深度调整期，2008 年金融危机也对整个全球贸易及价值链分工造成巨大冲击，产生了各种各样的波动，如式（4.19）所示。

$$RGVC = \frac{VRCA_{it}}{VRCA_{2008}} \tag{4.19}$$

其中，$VRCA_{it}$ 指 i 产业 t 年的 VRCA 指数，VRCA2008 指 i 产业 2008 年的 VRCA 指数，这一比例越高，某国在 t 年高技术制造业的增加值显性比较优势就比 2008 年更加明显，出口贸易的重构程度也就越强，具有在高技术制造业上更强的竞争力；相反，这一比例越低，一国在 2008 年基础上重构能力越弱。

二、国家层面的高技术制造业参与全球价值链重构能力

通过研究 39 个国家或地区的高技术制造业全球价值链的重构程度,各国高技术制造业在全球价值链中的重构呈现着不同的趋势。根据 2000 年到 2020 年 39 个经济体的 GDP 总值排序,本节选取了排名前五(美国、中国、日本、德国、英国)和排名后五(越南、巴基斯坦、孟加拉国、文莱、斯里兰卡)的 10 个国家为代表进行分析。下面给出了几个代表性国家的价值链参与情况。

如图 4-6 所示,2009~2021 年,全球高技术制造业参与价值链重构演化的程度逐步加深,但除 2010 年和 2009 年之外,所有年份的 RGVC 数值均小于 1,表明高技术制造业参与全球价值链重构总体是在向低竞争力的方向发展。

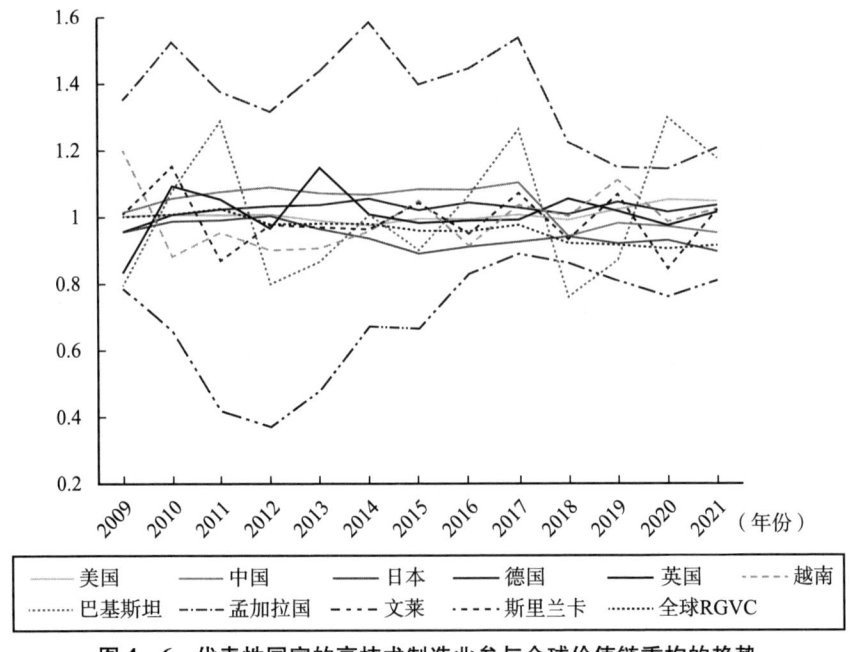

图 4-6 代表性国家的高技术制造业参与全球价值链重构的趋势

资料来源:根据亚洲开发银行数据库(ADB2022)计算。

第四章 高技术制造业参与全球价值链重构现状

自2008年以来，地缘政治紧张局势升温、贸易冲突加剧，GVC协作现状受到冲击和挑战，GVC重构趋势越发显著。疫情叠加中美贸易争端等综合性因素也已经成为全球生产空间阻隔的加速器，2009~2021年间，高技术制造业参与全球价值链重构的趋势越发明显，但中美贸易争端意味着在全球价值链中紧密相连的"两强"面临"脱钩"风险，且处于GVC中低端的国家GVC攀升较为明显，所以高技术制造业虽然参与了全球价值链重构，但总体来说竞争力提升不大。

如图4-6所示，整体来看，美国、中国、日本、德国、英国等发达国家的高技术制造业参与全球价值链的重构程度一直比较稳定，波动并不是很大，而越南、巴基斯坦、孟加拉国、文莱、斯里兰卡等发展中国家的高技术制造业参与全球价值链的重构程度波动幅度变动很大，重构程度较深。其中，文莱一直处在较低的竞争力水平上，孟加拉国在2009~2017年一直在向更高竞争力水平的方向重构。

2008年金融危机重挫了许多发达国家的经济，导致其需求出现了严重萎缩，而发展中国家和新兴转型经济体经济发展迅速，形成了巨大的市场，成长为世界经济增长的重要引擎，发展中国家和新兴转型经济体开始酝酿打破现有国际分工格局，向链条高位攀升，重构全球价值链。图4-6中选取的这5个GDP排名靠后的国家均为"一带一路"国家，其基础设施建设的完善以及贸易往来的增加，大大促进了他们的高技术制造业参与全球价值链重构的程度。

三、全球价值链重构程度细分行业层面评价

（一）全球价值链重构环比程度细分行业层面评价

根据全球价值链重构程度指标测度一计算出来的数据如图4-7所示，化学原料及化学制品制造业参与全球价值链重构时的波动最大，而交通运

输设备制造业波动幅度最小。其中，C9 表示化学原料及化学制品制造业，C13 表示电气设备制造业，C14 表示电子和光学设备制造业，C15 表示交通运输设备制造业，具体分析如下。

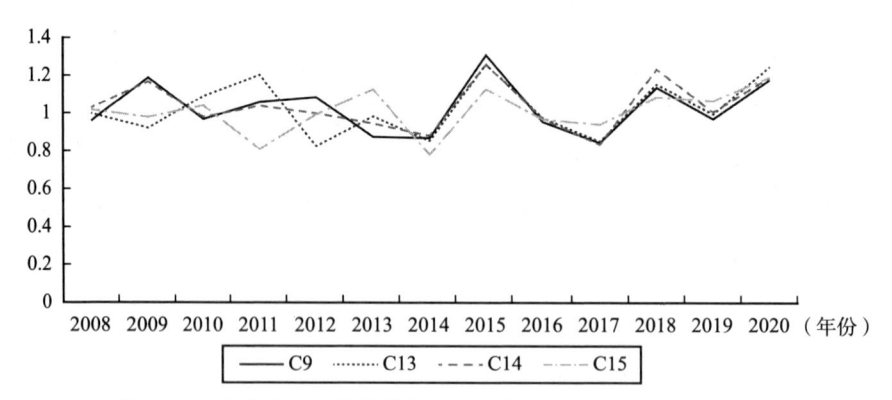

图 4-7　代表性国家的高技术制造业参与全球价值链重构的趋势

资料来源：根据亚洲开发银行数据库（ADB2022）计算。

1. 化学原料及化学制品制造业参与全球价值链重构阶段演化分析

根据图 4-8，2008 年 RGVC 指数为 0.95 小于 1，全球价值链往竞争力弱的方向发展，2008～2009 年 RGVC 指数呈现上升趋势且 2009 年的 RGVC 指数大于 1，这意味着化学原料及化学制品制造业参与全球价值链重构有助于强化竞争优势，其中美国、中国、德国和日本这些 GDP 排名靠前的国家在该阶段制造业参与 GVCs 重构中竞争优势上升，在参与全球价值链过程中的抗风险能力更强、更注重全球价值链的治理和价值链的韧性，但文莱和斯里兰卡 GDP 参与 GVCs 重构时竞争力下降，在参与全球价值链的过程中更注重价值链的升级、价值链的韧性更差。

2010～2014 年，该行业参与 GVCs 重构的变化趋势较为缓和，相对而言，2015 年是化学原料及化学制品制造业整体参与 GVCs 重构竞争优势最强的一年，但反观 2017 年，RGVC 指数下降到 0.84，既是十几年间最小的一年，也是竞争力下降最明显的一年，美德等国家与行业整体趋势相符，在这两年间参与度下降。

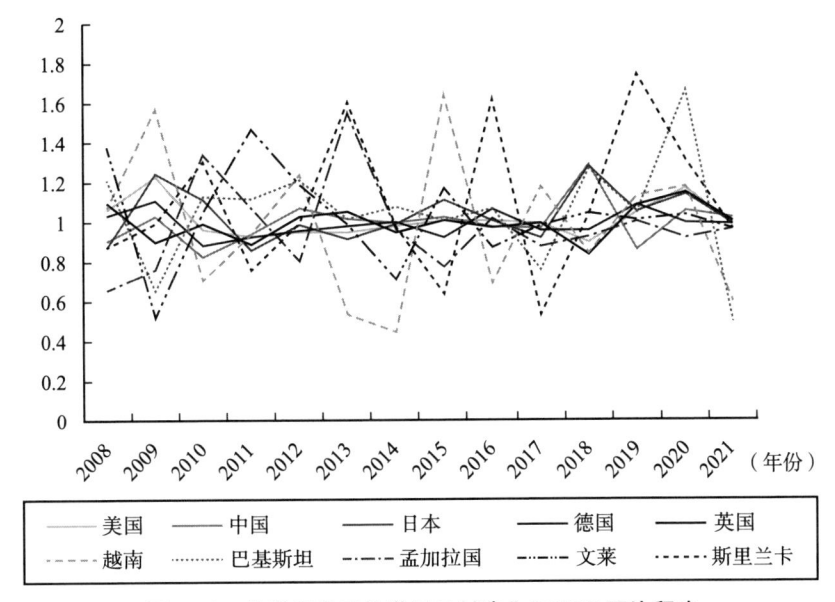

图 4-8　化学原料及化学制品制造业 RGVC 环比程度

资料来源：根据亚洲开发银行数据库（ADB2022）计算。

整体观察可以发现，GDP 排名靠前的国家在化学原料及化学制品制造业参与全球价值链重构阶段的变化较为平缓，而 GDP 排名靠后的国家变化幅度较大，说明了 GDP 排名靠前的国家参与 GVCs 重构时的竞争优势比排名靠后国家的竞争优势发挥更为稳定。

2. 电子和光学设备制造业参与全球价值链重构阶段演化分析

根据图 4-9，电子和光学设备制造业参与全球价值链重构阶段的演化趋势可以概括为在 2009 年、2014 年、2015 年和 2016 年这四年间的 RGVC 指数小于 1，说明该制造业在参与全球价值链重构程度下降，行业整体竞争力减弱，除了这四年，该制造业 RGVC 指数均大于 1。电子和光学设备制造业参与 GVCs 重构的变化程度较大，但和化学原料及化学制品制造业和电气设备制造业类似，RGVC 指数 2015 年为 1.26，大于其他年份，在参与全球价值链重构阶段有助于强化竞争优势，促进了国际竞争。

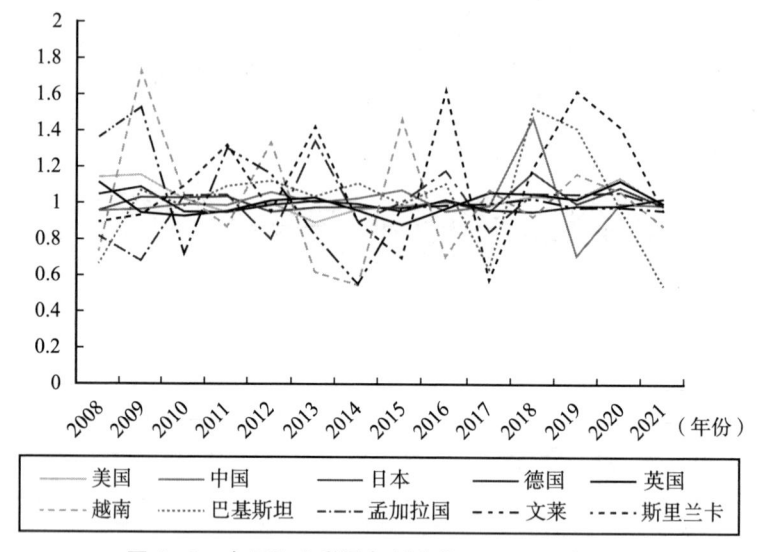

图 4-9 电子和光学设备制造业 RGVC 环比程度

资料来源：根据亚洲开发银行数据库（ADB2022）计算。

与其他高技术制造业相同的是，GDP 排名靠前的国家 RGVC 环比程度更为稳定，GDP 排名靠后的国家 RGVC 环比程度波动大。其主要的原因是越南、巴基斯坦和孟加拉国这些国家从事的制造加工等非战略性环节的进入壁垒较低，彼此可替换性较大，竞争优势不稳定，竞争异常激烈，在参与 GVCs 重构中不稳定。美国、日本和德国在半导体、互联网这些关键领域拥有核心技术，不容易被替代；尽管中国在芯片、半导体这些核心领域出现了"卡脖子"现象，但中国没有被完全阻碍，2023 年龙芯——3A6000 在北京发布，标志着我国自主研发的 CPU 在自主可控程度和产品性能方面达到新高度。

3. 交通运输设备制造业参与全球价值链重构阶段演化分析

根据图 4-10，和其他高技术制造业参与全球价值链重构趋势一致的是，交通运输设备制造业的 RGVC 指数在 2015 年达到最大，为 1.26，意味着该制造业整体参与 GVCs 重构的程度上升，地位提高，行业整体竞争力增强。2014 年，交通运输设备制造业的 RGVC 指数 0.78，是十几年间所有高技术行业最低的一年，也就是说该制造业参与度很低，且竞争力也明

第四章 高技术制造业参与全球价值链重构现状

显下降以及参与 GVCs 分工的地位也下降了。美国、中国、日本这些 GDP 排名靠前的国家更注重于 GVCs 的治理，提高价值链的韧性。

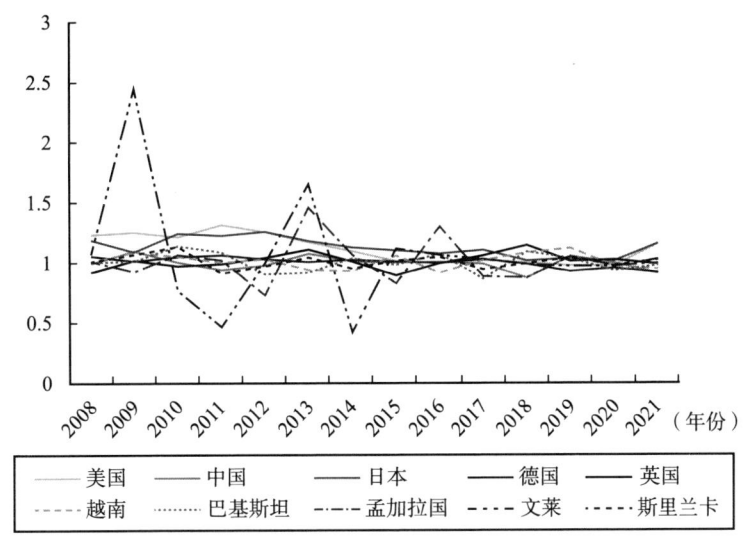

图 4-10 交通运输设备制造业 RGVC 环比程度

资料来源：根据亚洲开发银行数据库（ADB2022）计算。

文莱和孟加拉共和国的交通运输设备制造业参与全球价值链重构的 RGVC 指数波动较大，其中随着孟加拉国区位优势日渐凸显，地区贸易发展和城市化进程加快，对交通基础设施的需求不断加大，其国内落后的交通基础设施已经制约了经济发展。政府实施道路中期发展计划，拟将全国所有国道升级为四车道，推动铁路成为现代大众运输系统，孟加拉国重视交通运输设备制造业，不断提升在价值链中的地位，表现为较强的全球价值链重构能力。

4. 电气设备制造业参与全球价值链重构阶段演化分析

根据图 4-11，电气设备制造业参与 GVCs 重构竞争力下降，但和行业整体趋势不同的是，选取五个 GDP 排名靠前的国家的 RGVC 指数均在大于 1，表明它们在向着竞争力更高的方向发展，在参与全球价值链分工中的地位也就更强。

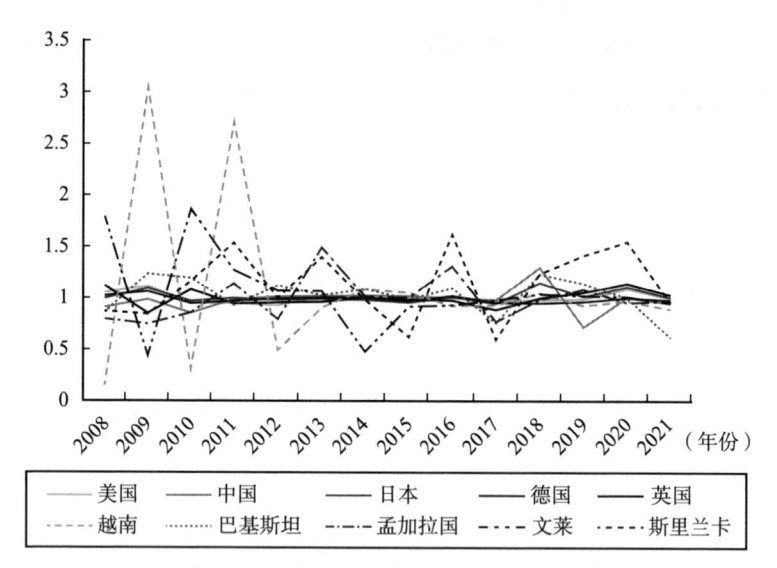

图 4-11 电气设备制造业 RGVC 环比程度

资料来源：根据亚洲开发银行数据库（ADB2022）计算。

在 2012 年，电气设备制造业的 RGVC 指数 0.82 小于 1，也是 RGVC 指数最低的一年，意味着电器设备制造业整体行业参与度下降，与其他行业相比，其地位也有所下降。分析图中所列国家的 RGVC 环比程度可以发现，GDP 排名靠前国家的 RGVC 指数比 GDP 排名靠后国家的 RGVC 指数变化更为平缓，也可以说明在参与全球价值链重构的过程中，美国、中国和日本等这些国家更关注全球价值链治理以及在价值链中的地位和权力，而越南、斯里兰卡等这些国家侧重于提升全球价值链分工地位自下而上的"升级"，专注于低附加值环节的"合成谬误"、贸易规模和贸易获利的"能力错配"、技术引进和加工贸易的恶性循环"贫困化增长"，因此 RGVC 指数波动幅度更大。

（二）全球价值链重构同比程度细分行业层面评价

1. 化学原料及化学制品制造业参与全球价值链重构阶段演化分析

如图 4-12 所示，在发达国家中，化学原料及化学制品制造业的全球

第四章 高技术制造业参与全球价值链重构现状

价值链重构程度比较稳定，和高技术制造业的全球价值链重构程度的趋势基本相同。在 GDP 排名靠后的国家中，各国的重构程度都比较高，波动幅度较大。

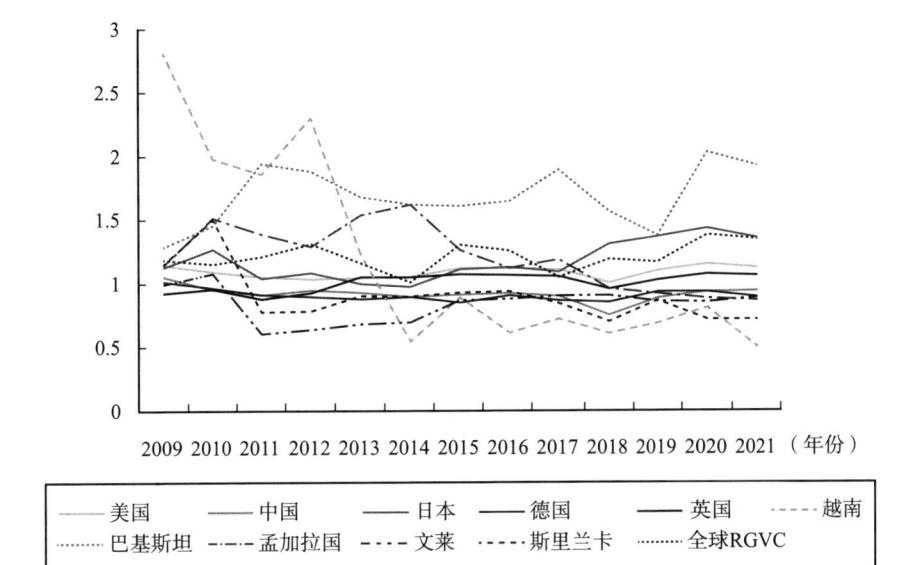

图 4-12 化学原料及化学制品制造业 RGVC 同比程度

资料来源：根据亚洲开发银行数据库（ADB2022）计算。

2. 电气设备制造业参与全球价值链重构阶段演化分析

如图 4-13 所示，除越南外，所有国家的电气设备制造业参与全球价值链重构都比较稳定，但是观察其数值，中国的全球价值链的重构程度比较稳定但一直小于 1 且数值较低，说明中国的电气设备制造业的竞争力一直较低。根据经合组织 OECDTIVA 数据库的数据显示，2018 年我国电气设备制造业出口额高达 2064.44 亿美元，位居世界首位，几乎是全部 OECD 成员国出口额的 2 倍。然而在全球价值链的分工形式下，中国部分出口产品中贸易附加值低、国内核心技术少，中国电气设备制造业仍处于全球价值链下游。

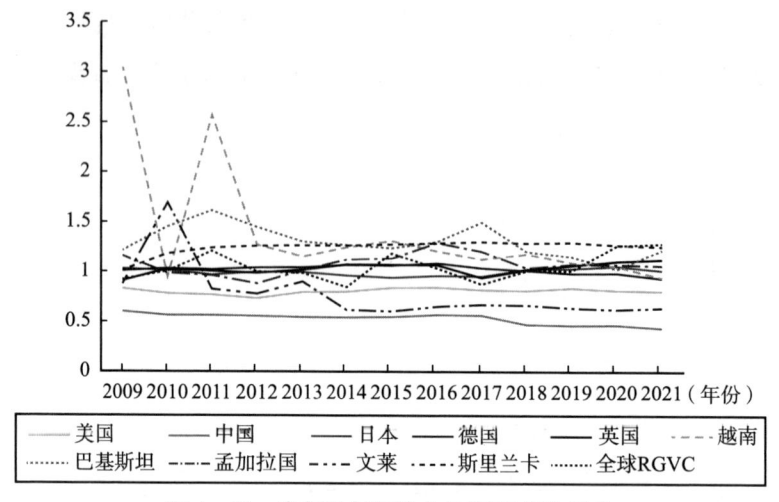

图 4-13　电气设备制造业 RGVC 同比程度

资料来源：根据亚洲开发银行数据库（ADB2022）计算。

3. 电子和光学设备制造业参与全球价值链重构阶段演化分析

如图 4-14 所示，除文莱外，所有国家的电气设备制造业参与全球价值链重构都比较稳定，但是观察其数值，越南的全球价值链的重构程度比较稳定但一直小于 1 且数值较低，其中在 2010~2020 年逐渐下降，表明越南的电子和光学设备制造业的竞争力一直较低。越南电子及通信设备制造业在全球价值链中的融入程度不断加深，但是其前向参与度远低于后向参与度，二者的差距在不断扩大，越南目前主要担任电子产品组装加工的角色，从中日韩等国进口中间品和原材料，经过简单的拼装后将货物提供给欧美的销售商，赚取中间微薄的利润，说明越南参与全球价值链的方式主要归功于组装加工的低附加值产品出口。

4. 交通运输设备制造业参与全球价值链重构阶段演化分析

如图 4-15 所示，文莱的交通运输设备制造业参与全球价值链重构的程度一直在朝着竞争力下降的方向发展。分析其原因，如汽车、船舶工业以及轨道交通方面，文莱的市场规模及附加值和出口布局都较弱。我国汽车产销规模虽大，但在出口规模、附加值和市场布局等方面与欧、美、日存在较大差距。中国品牌整车出口车型大部分集中在中低端，与国外品牌相比，出口单价和利润率较低。船舶工业方面与之类似，在低附加值的散装船上较有优势。

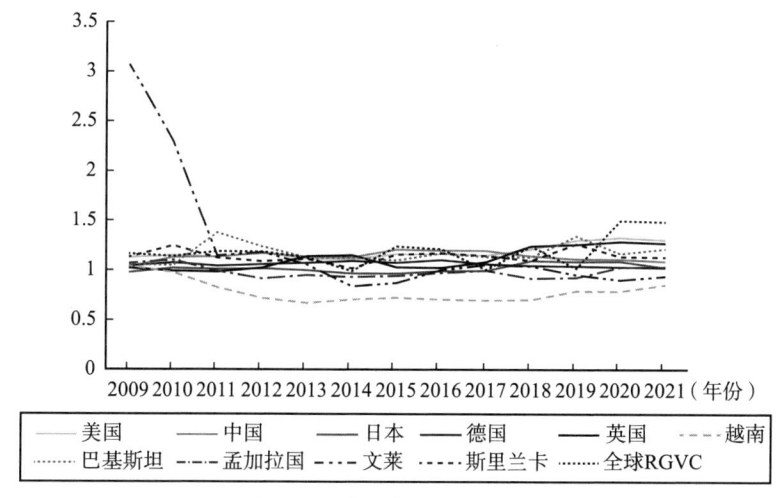

图 4-14 电子和光学设备制造业 RGVC 同比程度

资料来源：根据亚洲开发银行数据库（ADB2022）计算。

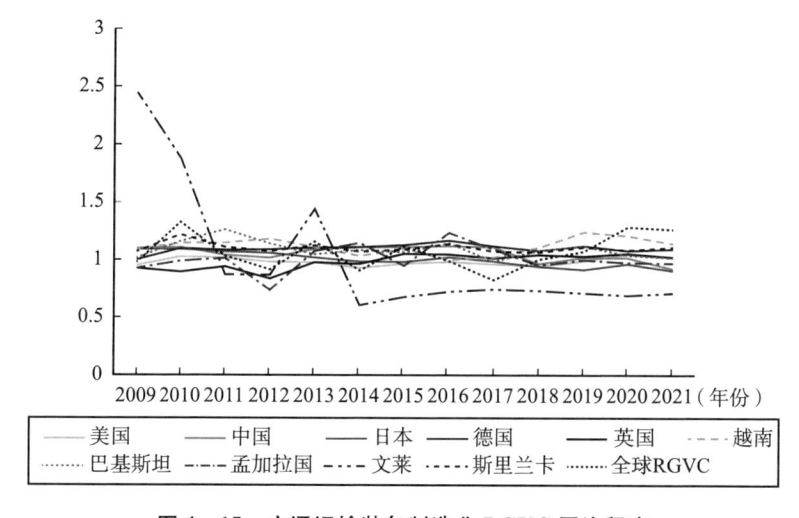

图 4-15 交通运输装备制造业 RGVC 同比程度

资料来源：根据亚洲开发银行数据库（ADB2022）计算。

第四节　中国高技术制造业参与全球价值链重构现状

一、中国高技术行业整体参与全球价值链重构现状

(一) 中国高技术行业整体参与全球价值链重构能力现状

近年来，中国高技术制造业发展迅速，日益成长为国民经济的支柱和主导力量。但分析中国近年来参与全球价值链的重构能力的变化，可以看出其优势并不明显，上涨幅度不大。分析其原因，中国参与 GVCs 分工时存在"低端锁定"的风险，中国高技术制造业中许多与设计相关的核心知识产权依旧被掌控。近年来美国等发达国家运用各种手段阻止中国高技术制造业的发展，尤其在 2017 年以来，对华经济战略（对华"接触"战略到"贸易保护主义"倾向）的转型，美国全方位对中国高技术制造业的全球供应链进行打击，使其"价值链断裂"和"技术脱钩"。

随着国际格局的深刻变革，全球价值链重构的发生是客观的必然，并且高新技术产品价值链中的劳动密集型生产环节最有可能发生重构。中国需要把握技术变革的新机遇，挺进高端制造业，积极参与全球价值链重构，提升 GVCs 地位。

(二) 中国高技术行业整体参与全球价值链重构程度现状

中国高技术行业整体全球价值链重构的同比程度变化比较平稳（见图 4-16），RGVC 同比指数基本大于 1，这说明中国高技术行业整体的竞争力在不断增强。2022 年以来，中国产业升级发展态势持续，技术含量较

高、附加值较高的高技术制造业持续保持较快增长，引领中国经济加速转型升级。

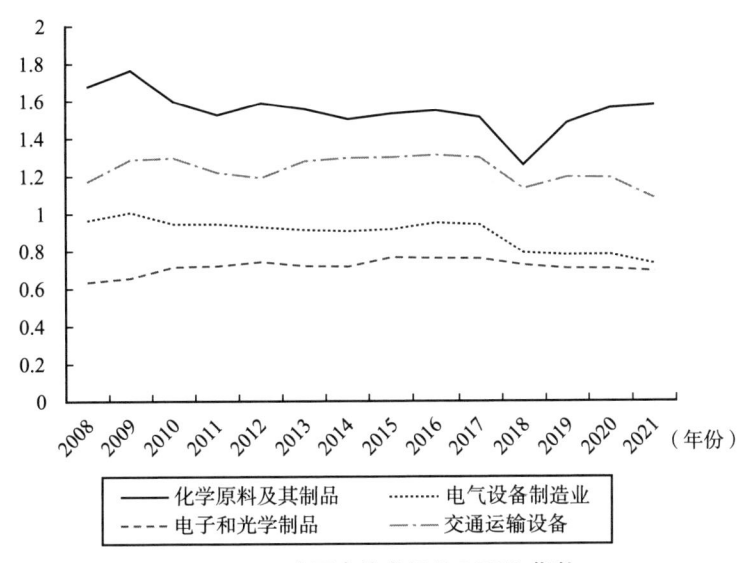

图 4-16 中国高技术行业 RVCA 指数

资料来源：根据亚洲开发银行数据库（ADB2022）计算。

二、中国高技术细分行业参与全球价值链重构现状

（一）中国高技术细分行业参与全球价值链重构能力现状

中国化学原料及化学制品制造业具有一定的产品竞争优势和国际竞争力，但在产业集中度、整体生产技术和技术创新等方面仍与美国、欧洲和日本等发达国家（地区）差距较大。虽然中国化学原料及化学制品制造业在全球价值链自下而上的升级路径可能会受到其他国家的阻碍，但是该产业在部分国家或区域有一定的竞争力，可以根据不同国家产业的竞争性和互补性，在关注自主创新和技术发展的同时，应该趋向于构建区域价值链，在产业竞争力较强的区域扩大产业的话语权。

中国电气设备制造业有一定的竞争优势和产品国际竞争力，但是相比于美国、德国等国家依旧有一定的差距，加快形成以国内大循环，加强区域外循环的重构路径，根据国家和产业政策引导、空间地理的便利性，选取合适国家进行区域联系。

中国电子和光学制品制造业增加值显性比较优势不明显。在半导体等关键领域仍然缺少重要的核心技术，许多与设计相关的核心知识产权的半导体关键领域集中在美国、韩国和欧洲一些地区，而中国仅涉及生产、装配和测试等部分环节，半导体生产的大部分附加值都被总部位于中国以外的核心企业攫取了，这使中国自主创新后的全球化发展之路出现障碍。

中国交通运输设备制造业增加值显性比较优势比较明显。中国交通运输设备制造业是在高端装备制造领域自主创新程度最高、国际创新竞争力最强、产业带动效应最明显的行业之一。但中国轨道交通装备制造行业仍然年轻，与发达工业国家相比还有一定的提升空间。随着全球经济的快速发展，资源紧缺和环境污染严重等问题不断突出，各国都将发展安全、绿色和智能的新型交通，未来的十年中国交通运输制造业中轨道交通装备制造业发展的重点是依托数字化、信息化技术平台，广泛应用新材料、新技术和新工艺，研制安全可靠、节能环保的绿色智能谱系化产品[①]。

（二）中国高技术细分行业参与全球价值链重构程度现状

1. 中国参与全球价值链重构环比程度细分行业层面评价

图 4-17 为中国高技术行业的重构环比程度，可以看出中国高技术细分行业参与全球价值链重构程度的现状。中国的化学原料及化学制品制造业参与全球价值链重构程度的波动幅度不大，整体看来较为平稳，且在 2018 年该行业参与全球价值链重构程度大大提升，向着更高竞争力的方向发展。

---

① 《中国制造 2025》解读之：推动先进轨道交通装备发展 [EB/OL]. 中国政府网. 2016-05-12. https：//www.gov.cn/zhuanti/2016-05/12/content_5072764.htm.

第四章 高技术制造业参与全球价值链重构现状

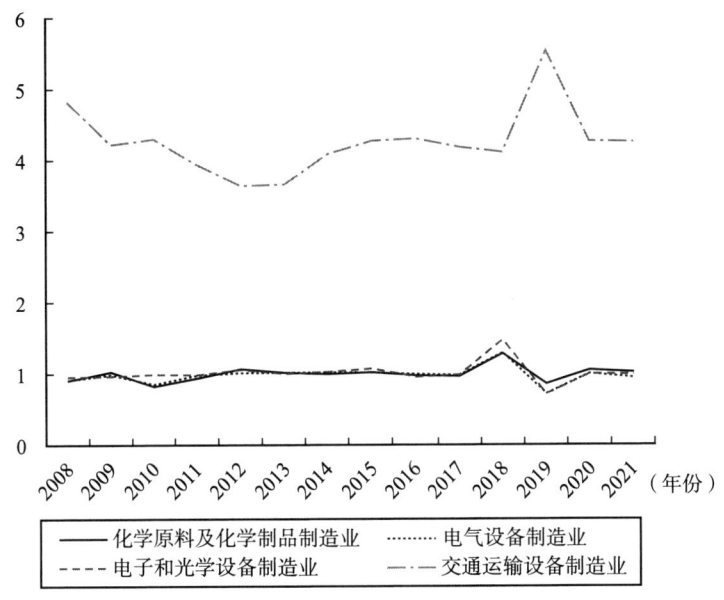

图4-17 中国高技术行业重构环比程度

资料来源：根据亚洲开发银行数据库（ADB2022）计算。

中国的电气设备制造业参与全球价值链重构程度的波动幅度不大，仅在2019年出现了较大的下降，说明电气设备制造业参与GVCs重构竞争力下降，其原因为2018年中国在一些核心技术上受到牵制。

中国的电子和光学设备制造业参与全球价值链重构程度的波动幅度不大，仅在2019年出现了较大的下降，说明电子和光学设备制造业参与GVCs重构竞争力小，且RGVC指数小于1。说明该制造业在参与全球价值链重构程度下降，行业整体竞争力减弱。分析其原因为2018年中美贸易摩擦导致中国在芯片、半导体这些核心领域出现了"卡脖子"现象，2019~2018年该行业的竞争力变化较大，且2019年相比2018年来说，该行业的竞争力下降了很多。

中国的交通运输设备制造业参与全球价值链重构程度和其他国家的高技术制造业参与全球价值链重构程度趋势一致。中国该行业的竞争力一直趋于稳定，没有较大的波动。

2. 全球价值链重构同比程度细分行业层面

中国的化学原料及化学制品制造业的全球价值链重构程度比较稳定，和高技术制造业的全球价值链重构的程度趋势基本相同。中国的电气设备制造业参与全球价值链重构比较稳定，但是观察其数值，中国的全球价值链的重构程度比较稳定，但该值一直小于1且数值较低，说明中国的电气设备制造业的竞争力一直较低（见图4-18）。在全球价值链的分工形式下，中国部分出口产品中贸易附加值低、国内核心技术少，中国电气设备制造业仍处于全球价值链下游。中国的电子和光学设备制造业参与全球价值链重构比较稳定，且数值一直是大于1的，这说明中国的电子和光学设备制造业一直在朝着更强竞争力的方向发展。中国在参与GVCs重构时的能力更稳定，产品的竞争优势发挥得也会更加稳定。中国的交通运输设备制造业参与全球价值链重构比较稳定，但是其数值不高，竞争力整体不强。中国交通设备制造业总体规模虽大，但在附加值和市场布局等方面与欧、美、日等国存在较大差距。

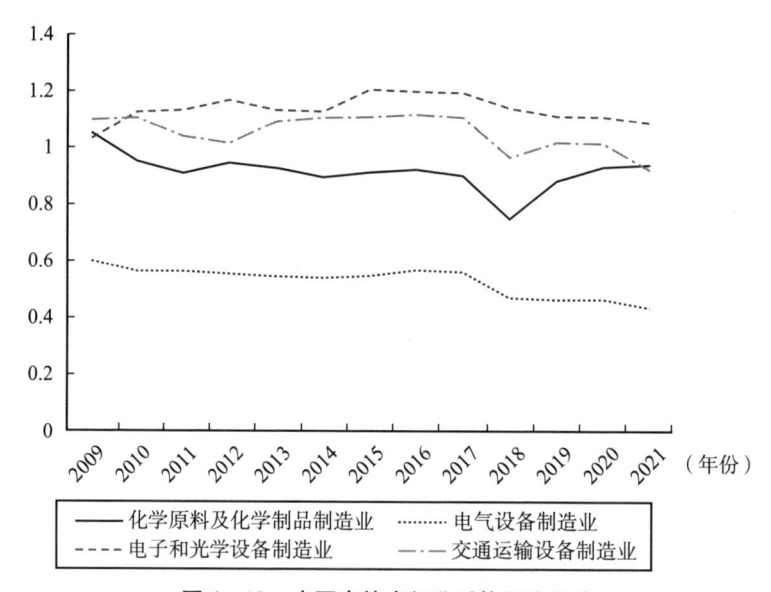

图4-18 中国高技术行业重构同比程度

资料来源：根据亚洲开发银行数据库（ADB2022）计算。

第五章　中国高技术制造业参与全球价值链重构的方式

通过前文的分析，可见中国高技术制造业在 GVCs 上可获得的利润额和地位分配并不如出口总额统计数据那样可观，这为中国高技术制造业参与 GVCs 重构提供了有力证据。那么中国参与 GVCs 重构的动力在何处？中国高技术制造业参与 GVCs 重构动态演变有哪些方式？本章分析中国高技术制造业参与 GVCs 重构的动因和参与 GVCs 重构的方式入手，探讨中国高技术制造业参与 GVCs 重构的超循环演变过程。

中国高技术制造业 GVCs 分工地位失配且环节失控。中国高技术制造业嵌入全球生产网络，但是仅依靠劳动力成本优势从事原始设备制造，附加值低，与其技术密集产业的称谓不符，并且中国高技术制造业沿价值链攀升的道路被发达国家阻断，无法完成其升级过程。中国高技术制造业面临"双重夹击"的困境。如果仅是嵌入低端环节，中国可以凭借廉价的劳动力成本和丰富的资源优势在高技术制造业的 GVCs 上分"一杯羹"，但是处于 GVCs 深"V"曲线底部的高技术制造业具有很大的地理弹性，面临着"双重夹击"的困境：一方面，由于制造业综合成本变化，跨国公司制造业生产呈现向发达国家加速回流趋势；另一方面，中国制造业加快向东南亚、南亚、非洲、中美洲等成本更低廉的地方转移，国际产业向中国转移的整体速度下降。中国现如今面临的是"被挤出"和"被淘汰"于 GVCs 分工格局的状况。

中国需要依靠高技术制造业参与 GVCs 重构带动技术升级。随着"模块化"的技术革新、竞争的加剧及世界政治经济形势的变化，曲线弧度变得更加陡峭，在高技术制造业价值链分工各个环节利润分配中，中国企业在制造环节的利润空间也越来越小，长期以来，中国作为全球最大的加工制造基地，始终承担着低附加值生产环节，这种生产方式虽然在初期可以通过产业集聚效应和规模经济的原理促进中国经济发展水平和工业化水平的提高，但是从长期看却限制了中国经济的深度发展，缩小了企业的利润空间，同时使技术创新受限，中国高技术制造业参与 GVCs 重构是中国实现自主创新、技术升级的可行方案。

中国高技术制造业需要塑造新的国际竞争优势。低成本、高消耗、环境代价大等中国传统产业赖以保持竞争优势的多种要素，当前已成为我国产业未来发展的重大约束，在经济发展的常态下，中国进入旧的竞争优势逐渐削弱、新的竞争优势尚未形成的新旧交替时期；同时，投资和出口增长明显放缓，过去主要依靠要素投入的粗放发展模式难以为继，必须尽快形成新的竞争经济新动力，塑造国际竞争新优势。

可见，中国高技术制造业如若不思变革，可能会从"被锁定"在价值链低端的局面变成"被淘汰"的悲观未来。随着互联网、智能制造以及"工业 4.0"时代的到来，创造新价值的过程正在发生改变，产业链分工正在被重组，长期被习惯的传统模式和传统产业领域的盈利能力同时也在发生改变，中国高技术制造业参与 GVCs 重构，这为中国高技术企业突破价值链或产业链低端业务环节实现升级提供有力依据。

GVCs 重构是基于现有的工序分工形式无法满足利益相关体的利益诉求，产品垂直分离后的生产片段重新组合导致的企业核心竞争能力提升，链条演变形态改变和国家资源分配重置的过程。中国高技术制造业参与 GVCs 重构是跟随价值链的解构、重组的过程中，寻求有利位置，重新进入，寻求产业发展的过程。在 GVCs 动态演变的过程中，中国高技术制造业参与 GVCs 重构，实现产业升级和利润攀升，而中国高技术制造业参与

第五章 中国高技术制造业参与全球价值链重构的方式

GVCs 重构的"参与"存在不同的方式。

方式一：主动嵌入。此方式下的路径为主动嵌入原有 GVCs。中国高技术制造业处于 GVCs 的较低端地位，这是在已经低端嵌入 GVCs 原先分工格局中的中国高技术制造业参与全球价值重构的方式，在 GVCs 链条动态演变的过程中，中国高技术制造业在原链条上沿着链条的方向攀升，追求新的国际分工地位。

方式二：被动接入。此方式下的路径为构建 NVCs。这是中国高技术制造业参与 GVCs 重构的第二种方式，中国高技术制造业为 GVCs 做好准备，即暂时放缓 GVCs 的融入度，优先致力于提高产品在国内的附加值，替代进口，或者创建一条价值链高端环节由本国掌控的价值链；另一方面，中国高技术制造业逐渐在重构中的 GVCs 上掌控主要环节，提高价值链地位和环节利润占有率。

方式三：主导创建。此方式下的路径为主导或创建 RVCs。在此方式下，中国高技术制造业逐渐趋于成熟，中国高技术制造业逐渐从价值链的参与者变为治理者，自主转换链条的权力增强，在价值链活动中有更多的话语权和主动权。一方面，中国高技术制造业通过增加出口产品中的国内附加值或者参与价值链上更多的业务功能，占据价值链的核心利润环节；另一方面，中国高技术制造业通过建立区域价值链，占据价值链的核心利润环节。

在技术推动、市场需求、政策引导和投资方式推动下，企业内部业务单元进行业务重构，出现简单的有序循环，从而推动产业链链条形态发展变化，同时产业链上各子系统的催化循环既相互竞争又协同运作，拓展到 GVCs，价值链的各个结点内部企业集群形成催化循环，实现功能耦合，相互提供催化的超循环系统，从而整合不同国家形成网络核心能力，增强网络竞争优势从企业到产业再到国家的超循环过程。在 GVCs 发展和国际分工的动态演变过程中，解构 GVCs 的各个环节，观察产业的链条变化形态，继而打开企业黑箱，观察内部的动态变化。

第一节　主动嵌入全球价值链

前文已经提及，中国大部分高技术企业在技术研发和品牌渠道上缺乏优势，仅以相对低的成本优势从事跨国公司国际生产网络中的制造环节，此方式下的中国高技术制造业被锁定在 GVCs 的低端制造、组装环节。这是中国大部分高技术制造业"低端锁定"和"中游嵌入"的发展现状，在中国人口红利优势减弱的情况下，中国高技术制造业主动在原价值链条上寻求新的地位，使其在全球生产网络体系循环发展中不被淘汰。国内学者探讨低端高技术制造企业重构路径是向价值链两端延伸，即如图 5-1 所示的向价值链上游延伸和向价值链下游延伸的超循环方式。

（1）向价值链上游延伸。在现实中，中国被低端锁定的高技术制造业往往是由大量实力相对弱小的中小企业组成，这些企业想要在整个 GVCs 中拥有话语权和自主性并不强，当技术提升，往价值链上游攀升过程中将直接与处于研发、设计高端环节的国外链主企业形成直接竞争，而国内企业的规模实力与链主企业严重不对称，在国际链主企业的重重封锁下，通过向价值链上游攀升实现价值链重构的路径很难突破。但是，本国产业通过向价值链上游攀升实现 GVCs 重构链路径并不是无法实现，刘维林（2014）就探讨了企业可以通过立足编制多元化网络的主动归核式嵌入方式向上游攀升，本节试图把国家的产业分解到各企业再到企业内部黑箱，寻找从企业到产业再到国家的超循环攀升路径。在深"V"的高技术制造业 GVCs 形态中，中国处于低端组装环节，国内高技术企业在跨国公司的技术示范中学习模仿，集中精力进行某一核心环节的业务活动，将其他非核心环节外包；打开企业黑箱，企业内部的反应循环使得内部资源的整合优化，归核行为提升了企业的竞争优势和盈利能力，企业之间由于激烈的竞争而优胜劣汰，促进了产业整体生产率的提升，由于企业间催化循环使得纵向产业关联逐渐加强,基于产业链的溢出效应不断增大,包括后向关联和前向关联,整个催化循环使得企业获得较大的技术溢出效益,在GVCs的超循环过程中,促使产业沿着价值链向上游移动,改变获利能力和本国在国际分工中的地位。

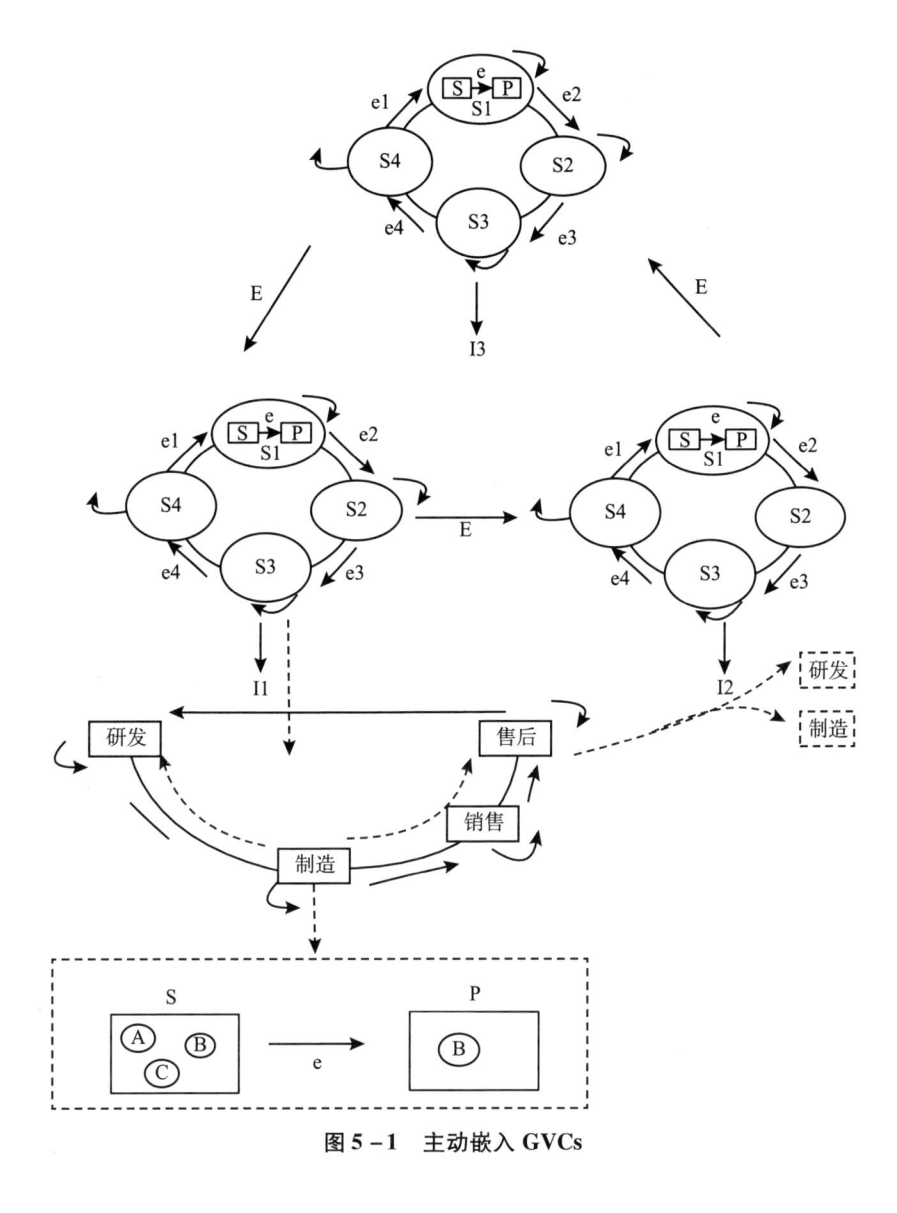

图5-1 主动嵌入GVCs

（2）向价值链下游延伸。《英国工业 2050 战略》指出，现代高技术制造业不仅仅是制造之后再销售，而是"服务加再制造"，需要最快速敏感地响应消费者的需求。传统的价值链分工格局中，中国高技术制造业被锁定在加工、组装等低附加值环节。伴随廉价劳动力成本优势丧失与制造业转移，中国高技术制造企业已经无法在中游加工、组装环节获利，企业需进行转型升级使之获得新的竞争优势。首先，企业内部的业务合并、融合等归核业务行为可以帮助企业获得新的核心竞争力，凭借此进入价值链下游销售与售后等服务环节，甚至有向下游延伸环节转移的趋势。然后，在此过程中，链条结点内部的企业集群竞争与协同运作，催化循环使得下游环节获利能力逐渐增强，形成新的价值链利润分配模式。最后，在全球价值链分工网络的超循环系统中，中国在高技术制造业的 GVCs 下游环节逐渐获得利润和优势，重构 GVCs 分工模式。企业向下游延伸发展以后，并不是固化在下游营销或者售后环节，而是进行产业连接（industrial connection），即本产业的下游连接到其他产业的上中游设计或者制造组装环节，产业连接属于产业融合的特定形态，产业融合发生在不同产业链的各个环节，而产业连接一定发生在一个产业的末端与另一个产业的首端，现阶段许多学者认为产业链的链条节点的顺序发生改变，销售售后环节发生在研发或者制造组装之前，大数据时代或者信息化时代下的商业模式与产业链发生的重大变革，归根而论，是产业链的链条延伸与连接态势发生改变，此类高技术制造业多为购买者驱动的高技术制造业，消费者对后者产品的需求可以影响前者产品的核心价值分配。例如过去手机行业仅关注手机本身的通话功能，随着互联网的渗透和产业融合与产业的连接，传统的手机制造行业与信息服务业融合，"手机 + App"模式会直接改变消费者的购买选择。最初，苹果手机的销售利润远远高于华为等国产手机，但是关注到其他延伸产业，消费者有观看视频、互联网购物等需求，而苹果系统的网上酒店预订，以及视频会员等服务的差异化定价会影响消费者的消费选择。如果产业链的下游延伸到其他产业（例如制造型价值链与服务型价值链，在超循环系统中表现为不直接传导的部分），一定程度上会弱化本产业的产业链上游核心获利能力，强化下游的获利能力，产业价值链的链条形态可能趋向于从左到右逐步上升的平滑曲线，不同的子价值链集合成GVCs体系形成超循环，重构本国高技术制造业在GVCs中的地位。

第二节 被动接入国内价值链

在固有的GVCs分工模式下，价值链高端位置的国家具有整条价值链的控制权和产品的全球定价权，其利用技术垄断优势阻碍价值链低端国家沿着价值链向高附加值环节攀升，甚至实施"技术锁定"使在GVCs分工体系中处于价值链低端的企业利益受到剥削，发展受到限制，自然升级过程存在很大的障碍，中国高技术制造业在固有的价值链中参与重构，进行功能升级和链条升级的过程会遇到障碍，导致中国高技术制造业经过努力参与重构，却仍被锁定在从事低附加值的生产环节中。在此背景之下，中国高技术制造业即暂时放缓GVCs的融入度，优先致力于提高产品在国内的附加值，替代进口，可以通过积累学习和模仿经验，逐步发展和培育自身的高级要素，通过在国内价值链上的攀升来带动产业在国际分工中地位的提高，完成产业升级。

前文在探讨GVCs重构的机理中提及，GVCs重构的动力是产业集聚和转移。GVCs重构浪潮伴随着双重产业转移：第一重产业转移是发达国家为了更有效地治理和控制价值链，将制造、组装等低附加值环节从中国向外转移，迫使中国被挤出和被淘汰；第二重产业转移是中国为了避免参与GVCs分工的被动局面，主动暂缓嵌入GVCs分工的程度，把整条价值链向国内转移。

虽然中国的劳动力成本优势不再使得高技术产品的生产组装环节从中国转移出去，但是中国有较大的消费市场和需求市场，这是构建NVCs的先决条件。构建NVCs是基于国内区域发展的严重不均衡性而实施的差异化发展战略，国际上探讨的中国人口红利逐渐消退，劳动力成本不断上升，主要指中国东部沿海地区，而东部发达地区主要以本国的市场需求为主，主要从事较高附加值，如研发和销售环节的生产，而将加工组装这些低附加值环节转移至具有资源和劳动力优势的欠发达的中西部地区，从而形成各区域按照不同的比较优势协调发展的格局。重塑竞争优势，通过产业链、供应链和价值链重组，建立自主发展型的价值网络，基于本土市场的技术和需求，掌握研发销售的核心环节，通过实现技术创新形成由我国本土企业为主导和控制的 NVCs，改变被俘获的国际分工地位，即低端嵌入 GVCs 后培育 NVCs，积累足够的高级生产要素，再从 NVCs 向 GVCs 高端延伸，寻求 GVCs 的主导权。

如图 5-2 所示，由于由发达国家跨国公司主导的要素全球配置短期内并不会改善，中国高技术制造业暂缓 GVCs 的嵌入程度，发展另一条价值链 NVCs。NVCs 与 GVCs 相比，其链条形态是有差异的，产出供给视角的"微笑曲线"较 GVCs 的"微笑曲线"形态更为平坦，投入需求视角的"微笑曲线"则呈现右移和下移趋势（潘文卿、李跟强，2018）。进行链条转换，从国家到产业再到企业来看，价值链的链条形态发生变化导致链条结点的分布发生变化，产业链的结点企业发生变化，企业为了顺应这种变化，进行内部业务重构，原企业 M 仅进行 D 业务单元，在动力催化影响下，得到的产物 m 是内部业务单元进行重构的高技术制造企业（D 分裂出更多的业务环节，参与更多的环节，增加就业）。企业在内部重新整顿后，以新的竞争优势选择产业链和价值链的结点环节，在此结点环节不断积累经验，扩大规模，实现规模经济，同时开始追求产业链中节点的移动。相同产品或者替代企业的集合形成产业，产业价值链每个节点都有它业务单元的特定价值能力。每个环节结点都由许多功能相似的企业构成，子系统内部企业价值链重构使得企业拥有新的核心竞争力，产业与产业的交错、互动和集聚、转移改变了原有的竞争格局。每个子系统不断地有企业的进入和退出，各业务单元反应循环在某一阶段的工作又为下一阶段的工作积累了经验、提供了催化支持。研发子系统在已有的技术经验基础上累积技术成果，并且为下一个子系统（生产环节）提供支持和动力。产业价值链的催化循环拓展到全球价值系统中，全球价值系统中至少存在原 GVCs 和 NVCs 双环流链条，链条与链条之间功能耦合并相互提供催化，形成一个从内部企业到整条产业再到整个全球价值链系统的超循环系统，为构建 NVCs 提供源源不断的动力支持。

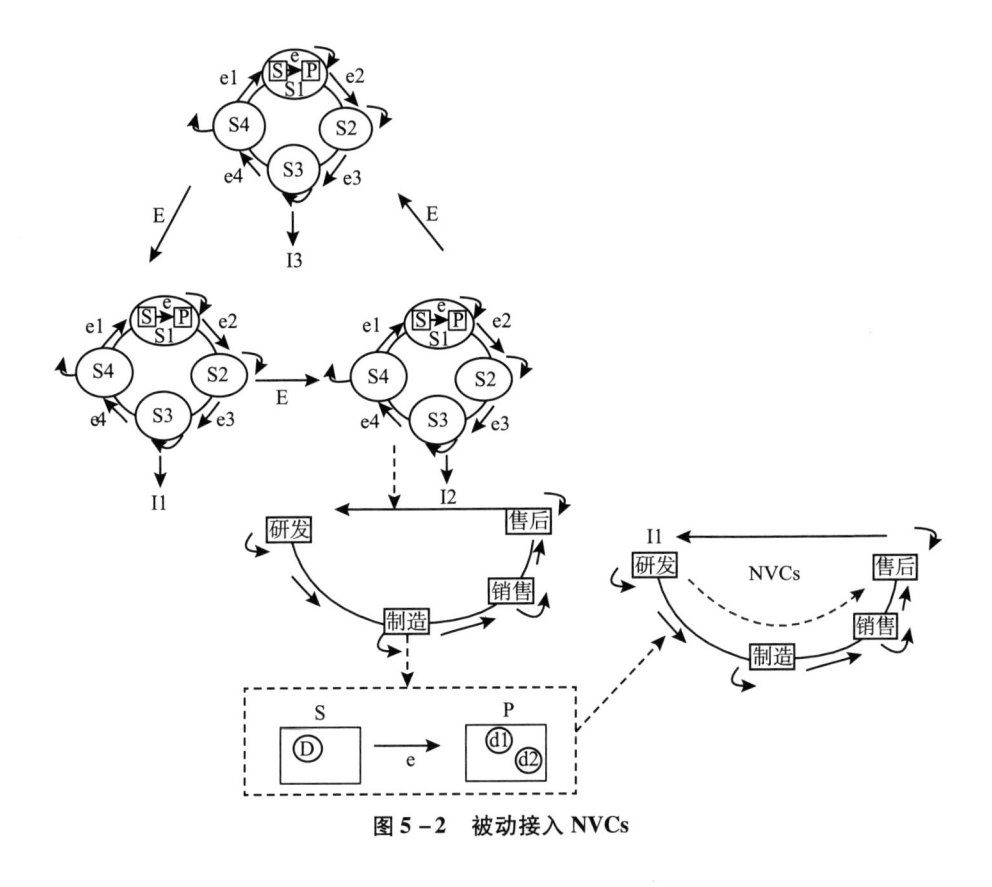

图 5-2　被动接入 NVCs

第三节　主导创建区域价值链

随着互联网的渗透和信息技术的融合，中国高技术制造业参与 GVCs 重构的路径可以概括为"中部隆起"。部分学者已经关注到了此"中部隆起"的现象，例如部分以机械、汽车等以装备制造为代表的高技术制造产业，关键零部件的制造利润最高，在细分市场中可以占有主要份额。部分以"互联网+"为代表的新一代信息产业，以大规模智能定制为例，在"互联网+"下的虚拟市场创造以及数据化技术运用下，制造过程的技术与知识含量增加，制造、研发、设计、营销的高度融合，强化了制造型资产在整个创新系统中的地位，而上下游的利润让渡给需求方和消费者，在整个创造体系的地位下降。此类高技术制造业都是中间环节利润高，两端价值创造能力较低的倒"U"形曲线，但是基于制造环节的技术含量的不同得到的曲线形态不同（宋怡茹、魏龙，2017）。以个性化定制为例，随着消费者需求和市场的黑箱被打开，企业自然会切掉部分无法与市场一一匹配的业务单元，保留下来的都是可以精准映射出市场需求的核心高效业务，通过企业内部简单的有序循环，即可推动产业链链条形态发展变化，尤其是大数据和互联网时代，部分已经被普遍应用的高技术行业，上游的价值增值能力达到饱和点，由于市场和需求已被锁定，下游销售和售后等环节的利润已经没有太大的增值空间，进一步借助"互联网+"的虚拟市场效应和数据化技术效应，企业可以在规模意义上通过个性化需求的同质化解构、同质化需求的标准化生产、标准化部件的个性化加总，达到个性化定制和大规模标准化生产之间的无缝衔接（吴义爽，2016），产业链条趋于扁平化以及"中部隆起"的演变趋势，同时产业链上各子系统的催化循环相互竞争而又协同运作，使得"中部隆起"的趋势更加明显，各个子链条集合构成整体 GVCs，价值链的各个结点内部企业集群形成一个各个结点在催化循环的基础上，实现功能耦合，相互提供催化的超循环系统，愈加固化了本国在 GVCs 的地位。

产业融合使国家更易积累技术和资本，并且一国产业可以迅速在上游或者中游有一定的价值增值和价值创造能力，未来价值链重构的发展路径在于对整条价值链的控制（见图 5-3），部分学者称之为创建区域价值链或主导区域价值链。

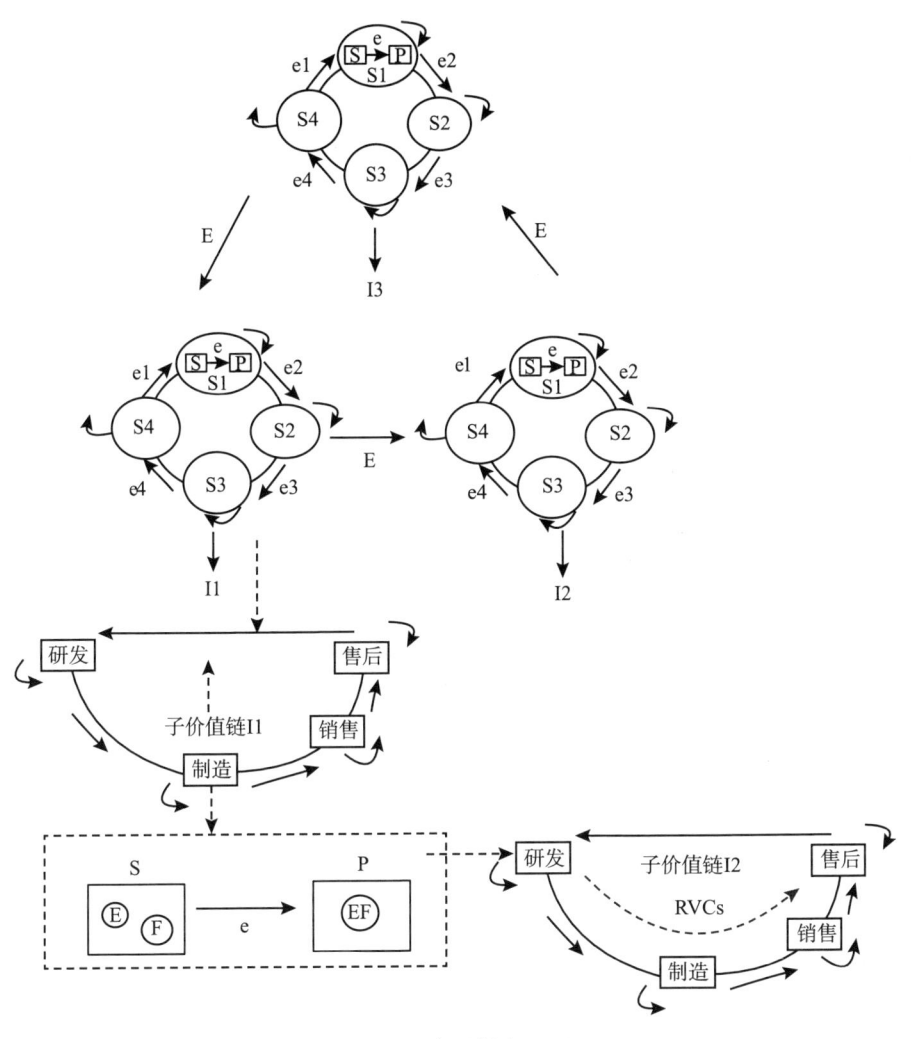

图 5-3　主导创建 RVCs

创建区域价值链（regional value chains，RVCs）是中国高技术制造业实现价值链重构的一条重要路径，以产业升级和中高端化发展为目标，联合周边产业互补性强的新兴国家或地区，为实现商品或服务价值而连接生产、销售、回收处理等过程的区域性跨企业网络组织。中国若能以高技术制造业为载体，同周边新兴国家组成 RVCs，将有机会从 GVCs 中的技术落后方转换为 RVCs 中的相对技术先进方，接触甚至控制价值链的中高端环节，通过主 RVCs，实现中国经济发展向中高端水平迈进的目标。

目前国内外研究 RVCs 有两种观点：一种认为 RVCs 与 GVCs 并列存在价值链体系中，RVCs 与 GVCs、NVCs 共同组成了全球价值多环流体系，构建以中国为核心主导的"一带一路"RVCs 分工体系，实现从发达国家引领中国融入全球价值链、中国引领其他发展中国家融入全球价值链的转变，并将从当前低端的"外部依赖"型嵌入模式转变成中高端的"核心枢纽"型嵌入模式，这是新一轮全球化条件下我国寻求与世界经济"再平衡"的绝佳机遇，也是实现我国及沿线各国在全球价值链中分工地位提升的必由之路。另一种观点认为 RVCs 是 GVCs 的一个组成部分，RVCs 是存在于 GVCs 出现之后，中国高技术制造业参与 GVCs 重构是一个从"coupling"到"decoupling"再到"recoupling"，也就是从"linking"到"delinking"再到"relinking"的过程，就是在无法在 GVCs 上寻求合理位置的情况下，参与 GVCs 区域化、再全球化的动态演化过程（模仿—创新—超越）。

GVCs 体系由许多个子价值链组成，RVCs 是 GVCs 体系的组成部分，但是却存在 $GVC_1 + GVC_2 + GVC_3 + \cdots + GVC_n > GVCs$ 效应。中国高技术制造业虽然在上游或者中游存在一定的竞争优势，有一定的高获利能力，但是无法通过单一的"嵌入—升级"路径完成 GVCs 的重构，此时就需要寻求另外的突破口。参照图 5-1 和图 5-2 的超循环过程，如图 5-3 所示，企业内部的业务重构以及内部反应循环使得企业获得一定的创新优势，此优势可以使企业获得一定的价值增长，但是无法逾越已经固有价值链上更加高端位置的企业或者行业、国家，此时需要从原有的价值链中跳出，进行链条转换，从子价值链 I1 转换到子价值链 I2 中（价值链 I2 是与价值链 I1 相关或者同类型的价值链，为超循环系统中可传导的部分），企业在产业子价值链 I2 中可以参与更高端的环节，此时的企业可以专注价值链的控制：一方面可以将相对优势较小的环节外包给具有较大相对优势的新兴经济体国家或者地区和企业，使本企业更加集中精力专注于本环节的利润优化和内部资源更优配置与整合；另一方面立足于对整条链条的掌控，效仿美国制造业回流的战略，构建国家价值链。在企业与企业间的产业价值链的催化循环中重构产业链条分工，不同的子链条构成 GVCs 体系，链条与链条的超循环过程，提高本国高技术制造业在 GVCs 中的位置，未来高技术制造业可以借助本国产业的优势，将部分创造利润较小的环节外包出去，主导 RVCs，逐步成为价值链的治理者，更好地掌控 GVCs，在国际分工中占据主导地位。

第六章 中国高技术制造业参与全球价值链重构路径选择

随着经济活动日益全球化，国际分工向产品内部蔓延，传统的统计分析方法在考察贸易模式和经济发展之间的关系方面有一定的局限性（Sturgeon and Gereffi，2009；Karabell，2009）。同时伴随跨越生产网络和价值的碎片化生产活动（Sturgeon，2008；Coe，2008），各个国家及其企业在全球价值链的发展是存在差异的，发达国家专注于价值链治理，发展中国家或新兴经济体专注于价值链升级。具体而言：（1）发达国家自上而下的"治理"以及相应产业组织的改变。GVCs中不同行为体的权力大小不同，处于GVCs地位较高的发达国家或者领导企业主要以对价值链的治理研究为主，其"治理"指通过非市场机制协调价值链上活动的企业间的相互关系和制度机制（Humphrey and Schmitz，2000；Gereffi，1994，2011）。（2）发展中国家或者新兴经济体为维持或提升全球价值链分工地位自下而上地"升级"。从要素禀赋的差异性分析出发，一些学者认为发展中国家群体长期呈现出一种"低端竞争"（race to the bottom）与"悲惨增长"（immiserizing growth）的状态（卓越和张珉，2008；Lee and Gereffi，2015）；处于全球价值网络中的发展中国家长期专注于低附加值环节的"合成谬误"、贸易规模和贸易获利的"能力错配"、技术引进和加工贸易的恶性循环"贫困化增长"，使其被"俘获"或"锁定"于全球分工体系中的微利化、低附加值、低技术创新的加工环节。由于发达国家长期盘踞于全球价值链的高端环节，针对发展中国家采取"俘获式"的治理模式，通过对技术、品牌及销售终端的控制迫使发展中国家处于价值增值环节的"孤岛"，造成发展中国家产业关联效应的"外泄"明显。与此同时，由于中间投入要素的相似性，具有同样资源禀赋和成本优势的其他新兴地区崛起时，发展中国家对外直接投资的缺失与发达国家某些环节的战略转移造成发展中国家面临"上压下挤"的状况，使其在全球化过程中被"边缘化"甚至是"被挤出"（刘志彪，2018）。

当前的国际经济体系和各国的比较优势以及相对实力都发生了巨大的变化。地缘政治的波动、大国之间双边关系日趋紧张、国家安全、贸易纠纷、民粹主义和反全球化情绪等问题给很多国家的政府带来了新的挑战。同时，新冠疫情与贸易叠加影响下，一个经济体在GVCs位置上越重要，其被断链的风险也就越大。在此背景下，国际贸易规则和世界政治体系需要重构，治理和升级的问题不应该被分割来看，全球范围内产品生产的不同环节之间、企业之间、产业之间的产品价值形成过程中的影响力和价值分配结构需要重新调整和组合。基于此，本章探讨的全球价值链重构内涵是：由于技术的进步、市场份额的改变、产业组织的变革、管理模式和商业模式的变革，处于价值链某一固有位置的企业或者经济体主动寻求资源和价值的重新配置，对价值链进行改造，对全球化生产体系的运营和盈利模式的改变和重置，对国际贸易规则和世界政治体系进行重新制定，达到不断地加强经济安全和经济利益的目标。

第一节 一国参与全球价值链重构路径选择的分析框架

全球价值链是产品上下游环节的选择和连接，随着分工的碎片化和重组方式的多样性，产品上下游环节的选择和连接的方式也有多种组合路径，形成多种价值链条，由多个价值链结合而成的、能够适应变化的、外部环境能够快速可靠地对客户偏好做出反应的网状结构为价值网络（value net/network）（bovet and marha，2000），这种价值网络形式可以将企业纳入一个相互交织、更加规模化、更加复杂化的企业群体之中进行研究，近年来又拓展到价值网"Value Web"（Amador et al.，2015）的概念，试图探讨虚拟的无资产纽带的复杂分工协作体系。

随着全球化的发展和行业的发展，未来产业的增值能力将存在无限可能，环节的界限也将变得不再清晰。全球价值链并不是某一条链条，而是由不同形态各异的 GVC 构成。例如迪亚坎托尼等（Diakantoni et al.，2017）和鲍温（2014）探讨全球价值链的组织形态时，以供应链的地理位置为基础，将全球价值链的组织形式分为蜘蛛形的轴心轮辐结构分布的价值链、蛇形价值链和混合型价值链。全球价值链分为不同维度：水平的（horizontal）全球价值链：嵌入某条价值链环节的企业可以通过介入其他相关价值链的环节，提高本企业核心竞争力；垂直的（vertical）全球价值链：嵌入某条价值链特定环节的企业可以通过重新选择所嵌入的价值链上下游延伸环节，向更高利润环节攀升，这也是全球价值链网络的概念来源。本书探讨的全球价值链体系以全球价值网理论为基础，探讨的是发展中国家后进企业以价值权力获取为假设前提，构建自主的全球价值体系的理论，对新兴经济体国家参与全球价值链重构有一定的指导意义（俞荣建、吕福新，2007，2008）。

一、嵌入全球价值链

李（Lee，2013）认为发展中国家跨越中等收入陷阱应该从贸易专业化分工发展到技术专业化分工，企业的第一步就是以许可/转移 FDI 为基础进行学习，建立初步的技术吸收能力，本国企业通过 FDI 行为，实现从 OEM 到 ODM 的发展。

嵌入全球价值链路径探讨的是在原价值链上向创造更高价值的环节移动、生产更高价值的产品和通过生产流程的创新或者引进新技术改良生产方法等，目的是追求高生产率，具体表现为：（1）向价值链上游延伸。一国企业在跨国公司的技术示范中学习模仿，集中精力进行某一核心环节的业务活动，将其他非核心环节外包，促使产业沿着价值链向上游移动，改变获利能力和本国在国际分工中的地位。（2）向价值链下游延伸。《英国工业 2050 战略》指出，现代产业尤其是高技术制造业不仅仅是制造之后再销售，而是"服务+再制造"。企业劳动力成本优势不再，无法在中游环节获得竞争优势，但是可以凭借服务成本优势，进行新一轮的业务行为，凭借新的竞争优势进入产业链下游销售与售后等环节，甚至有向下游延伸环节转移的趋势，占领价值链中更多环节的主动权，重构本国产业在全球价值链中的地位。无论是向价值链的上游还是下游移动延伸，选择主动嵌入全球价值链路径的国家与产业，在全球价值链中都有很强的竞争力和获利能力。

二、构建国家价值链

GVCs 分工有助于发展中国家从发达国家进口高技术含量的中间产品，获得研发成果和技术溢出效应（Naveed，2017）。但是由于路径依赖和地位固化，嵌入价值链很难完成价值链分工地位的变化。GVCs 的深度融合带来高速的贸易发展，但是剖析整体贸易利润实质，价值链高端位置的国家具有整条价值链的控制权和产品的全球定价权，其利用技术垄断优势阻碍价值链低端国家沿着价值链向高附加值环节攀升，甚至实施"技术锁定"，使在全球价值链分工体系中处于价值链低端企业的利益被剥削，发展受到限制，自然升级过程存在很大的障碍，发展中国家或者新兴经济体国家的市场由外国公司控制，大部分核心技术依赖进口。

在原有价值链中的功能升级和链条升级的过程一般情况下，部分中国高技术制造业依旧被锁定在低附加值的生产环节或者直接被淘汰于全球分工体系之外。在此背景之下，国家政策鼓励暂时放缓全球价值链的融入度，优先致力于提高产品在国内的附加值，替代进口，可以通过积累学习和模仿经验，逐步发展和培育自身的高级要素，主要路径是构建国内价值链，通过在国内价值链上的攀升带动产业在国际分工中地位的提高，完成价值链重构。

后进国家应该从发展初期的传统产业政策（tariffs and undervaluation），到发展后期的技术政策（R&D subsidies and P-P R&D consortium）的动态转变（Lee and Kim，2009），本国企业应该建立自己的内部研发中心，专注公司内部的研发能力，并与外国研发公司或公共研发机构建立海外研发合作，发起国际并购。

2006年，以中国为代表的新兴经济体国家开始减少对国外技术的依赖，加大对知识产权的控制，进行自主创新的重大政策调整。发展中国家或者经济体通过低端嵌入全球价值链取得工艺升级和产品升级后，基于本土市场和主导创新，由本土企业掌握价值链的研发、品牌、营销等核心环节，获取高端竞争力，掌握价值链的关键环节，掌握关键性资源和获取市场需求（刘志彪和张杰，2009；崔向阳和崇燕，2014）。借助国家价值链比融入全球价值链更能赢得新兴产业的企业青睐（黄永春，2014）；低端嵌入全球价值链后培育国家价值链可以将俘获型网络扭转为均衡型网络，重新整合一国企业赖以生存和发展的产业关联和循环体系，重塑国家治理结构和区域产业之间的关联结构（刘志彪和张杰，2009）；积累足够的高级生产要素后，再从国家价值链向全球价值链高端延伸，可以寻求全球价值链的主导权（王子先，2014）。

三、主导区域价值链

对于发展中国家的企业而言，跨步进入周期较短的行业是完成地位跃升的主要方案（Lee，2013），因此行业的选择尤其重要。随着互联网的渗透和信息技术的融合，很多高技术行业已经开始发生转型，这种转型后的新兴产业更适合企业进行跨步跃进。例如以大规模智能定制和"互联网+"为代表的新一代信息产业、智能制造等，相对于传统产业价值链形态，这类产业的价值链形态已经发生改变，产业链链条趋于扁平化以及中部隆起的演变趋势，这种产业融合现象使企业更易积累技术和资本。

尽管发展国家价值链是发展中国家或者新兴国家自主创新的政策要求，但是其研发过程与产业化过程的联系薄弱，科技能够出成果的过程比较长（Bai et al., 2020），在这种长周期的时间内，"技术民族主义"也会带来紧张的国际关系，延缓了技术进步的速度（Li et al., 2012；OECD，2012）。

所以自主创新驱动国家价值链建设的同时，必须充分考虑与国际价值链的有效联结。事实上，伴随着全球价值链分工的深化，价值链区域化的趋势已经越来越明显，已经形成了在服务业领域以美欧为主导、在制造业领域以日本和中国为主导、在自然资源领域以其他国家为主导的区域价值链（洪俊杰，2018）。

不同高技术制造业的选择是否一样，本节基于增加值显性比较优势VRCA指数，测算不同产业的显性比较优势指数，针对不同高技术制造业提出路径选择。

第二节 中国高技术制造业参与全球价值链重构路径选择

一、重构路径选择的依据

中国不同类型高技术制造业参与全球价值链重构，需要选择哪种路径？高技术制造业在进行路径转换时，是依旧嵌入全球价值链，还是构建国家价值链,或者主导区域价值链,不同产业的选择是否一样?

无论是嵌入全球价值链、构建国家价值链还是主导区域价值链,对于企业的行为、产业特征和国家的战略都有一定要的要求,路径选择取决于产业的特征和该国家该产业的国际竞争力。

根据前文的理论分析,一国产业参与全球价值链重构的路径有三种,中国高技术制造业依据竞争力的差异,参与全球价值链重构的路径选择有三种(见表6-1)。

表6-1　　　　中国高技术制造业参与全球价值链重构路径

路径	链条选择	竞争能力
嵌入全球价值链	全球价值链	极强
主导区域价值链	区域价值链	较强
构建国家价值链	国家价值链	较弱

中国高技术制造业的国际竞争力如何衡量?随着价值链垂直分离和"碎片化"程度不断提高,传统的RCA指数既忽略了国内的生产分工又忽略了全球价值链分工背景下的国际生产分享特征(international production sharing),不能反映出口产业真正的竞争优势。本书沿用前文VRCA的衡量指标。

贝内迪西茨和坎贝里(Benedicits and Tamberi, 2001)构建的RCA判定标准认为,当RCA≥2.5时,某国某产品的出口在分析比较的其他国家同类出口产品中,具有显著的比较优势和极强的产品国际竞争力;当0.8≤RCA<2.5时,表示一国某产品的出口具有一定的比较优势和产品国际竞争力;当RCA<0.8时,表示产品的显性竞争优势不显著。而VRCA指数由于指标选择不一样,其判定标准与RCA应有差异,本书设定其衡量标准如下:(1)某国某产业VRCA指数低于世界各国VRCA平均水平,则该国该产业显性优势不明显,趋向于构建国家价值链,积累本国优势;(2)某国某产业VRCA指数高于世界各国VRCA平均水平,则该国该产业

有一定的产品竞争优势和国际竞争力,该国趋向于构建区域价值链,寻求更获利的分配环节;(3)某国某产业 VRCA 指数高于统计内前 5 名国家的 VRCA 平均水平,表示该该产品的出口在分析比较的其他国家同类出口产品中,具有显著的比较优势和极强的产品国际竞争力,对于该产业来说,本国趋向于主导全球价值链。

二、重构路径选择及其标准

数据选择方面,亚洲开发银行基于世界投入产出表(WIOD)推出 ADB-WIOD 数据库,在 2022 年最新发布的数据库当中涵盖 62 个国家和地区的 35 个行业 2010~2021 年的投入产出数据,其中包括"一带一路"国家 31 个,该数据库中其他国家和地区用 ROW 表示。考虑到数据的代表性,VRCA 数据主要来源于 ADB-WIOD 数据库,由于 ADB-WIOD 数据库没有细分医药制造业行业,用 WIOD-2016 数据库 C21 医药制品制造业进行补充,结合 ADB-WIOD 数据库的 C9(化学原料及化学制品制造业)、C13(电气设备制造业)、C14(电子和光学设备制造业)、C15(交通运输设备制造业)。本章首先测算五类高技术制造业细分行业 VRCA 指数[①],以其平均值作为高技术制造业国际竞争力的衡量标准,如表 6-2 所示。

表 6-2　　　　　　　　高技术制造业 VRCA 指数

VRCA 指数	化学原料及化学制品制造业	电气设备制造业	电子和光学设备制造业	交通运输设备制造业	医药制品制造业	高技术制造业平均值
世界各国 VRCA 平均水平	0.75	0.73	0.65	0.66	0.67	0.69

① 化学原料及化学制品制造业、电气设备制造业、电子和光学设备制造业和交通运输设备制造业依据 ADB-WIOD 数据库选取 2014~2017 年 4 年的平均值,医药制品制造业依据 WIOD-2016 选取 2014 年数据。

续表

VRCA 指数	化学原料及化学制品制造业	电气设备制造业	电子和光学设备制造业	交通运输设备制造业	医药制品制造业	高技术制造业平均值
世界前 5 名国家的 VRCA 平均水平	2.56	2.26	2.85	2.66	2.20	2.50

资料来源：ADB - WIOD 数据库、WIOD2016 数据库和对全球价值链与贸易增加值核算数据库（UIBE GVC Index）。

基于增加值贸易分析框架，高技术制造业参与全球价值链重构的路径选择的判定标准如表 6-3 所示，当 VRCA≥2.5 时，表示在分析比较的其他国家同类出口产品中，某国某高技术制造业的出口具有显著的比较优势和极强的产品国际竞争力，对于该产业来说，本国趋向于自主创新的同时，主导全球价值链（本书称为主动嵌入全球价值链路径）；当 0.69≤VRCA<2.5 时，表示该高技术制造业有一定的产品竞争优势和国际竞争力，趋向于发展本土价值链的同时主导创建区域价值链（本书称为主导创建区域价值链路径），寻求更获利的分配环节；当 VRCA<0.69 时，表示产品的显性竞争优势不显著，该国趋向于引进全球先进的技术，构建国内价值链，积累本国优势（本书称为构建国家价值链路径）。

表 6-3　　VRCA 指标与高技术制造业参与全球价值链重构的路径选择判定

VRCA 指标	链条选择
VRCA≥2.50	显著的竞争优势和极强的产品国际竞争力，趋向于自主创新的同时，主动嵌入全球价值链
0.69≤VRCA<2.5	一国某产品的出口具有较强的竞争优势和产品国际竞争力，趋向于发展本土价值链的同时创建主导区域价值链
VRCA<0.69	显性优势不明显，趋向于吸取全球先进的技术，并以构建国家价值链为主

第六章 中国高技术制造业参与全球价值链重构路径选择

三、中国不同高技术制造业参与全球价值链重构的路径

中国高技术制造业细分行业参与全球价值链重构的路径选择如表6-4所示：电子和光学设备制造业、电子设备和化学原料及化学制品制造业趋向于主导区域价值链，医药制品制造业和交通运输设备制造业趋向于构建国家价值链。

表6-4 中国高技术制造业 VRCA 指数与路径选择

产业	VRCA 指数 中国	VRCA 指数 世界前五位	中国的路径选择
化学原料及化学制品	0.92	瑞士, 2.74；丹麦, 2.73；爱尔兰, 2.63；比利时, 1.86；斯洛文尼亚, 1.72	主导区域价值链
电气设备	1.13	意大利, 2.53；德国, 2.42；捷克, 2.31；奥地利, 2.03；匈牙利, 1.90	主导区域价值链
电子和光学设备	1.71	葡萄牙, 5.56；韩国, 3.45；日本, 1.72；中国, 1.71；马尔代夫, 1.68	主导区域价值链
交通运输设备	0.62	捷克, 2.84；墨西哥, 2.82；日本, 2.70；德国, 2.62；匈牙利, 2.31	构建国家价值链
医药制造业	0.68	韩国, 2.99；法国, 2.39；美国, 2.36；英国, 1.75；日本, 1.50	构建国家价值链

中国化学原料及化学制品制造业的 VRCA 指数为 0.92，在统计的 62 个国家中排名第 20，高于世界平均 VRCA 指数，说明该产业具有一定的产品竞争优势和国际竞争力，但在产业集中度、整体生产技术和技术创新等方面仍与美国、欧洲和日本等发达国家和地区有较大差距，同时也与世界前三名瑞士、丹麦、爱尔兰等国家有较大的差距。虽然中国化学原料及化学制品制造业在全球价值链自下而上的重构路径可能会受到其他国家的阻碍，但是该产业在部分国家或区域有一定的竞争力，可以根据不同国家产业的竞争性和互补性，在关注自主创新和技术发展的同时，趋向于构建区域价值链，在产业竞争力较强的区域扩大产业的话语权。

中国电气设备制造业 VRCA 指数为 1.13，在统计的 63 个国家中排名第 17，高于世界平均水平，说明该产业有一定的竞争优势和产品国际竞争力，但是相比于意大利、德国等国家依旧有一定的差距，应加快形成以国内大循环，加强区域外循环的重构路径，根据国家和产业政策引导、空间地理的便利性，选取合适国家进行区域联系。

中国电子和光学制品制造业是中国最有竞争力的高技术制造业。VRCA 指数为 1.71，在统计的 62 个国家中排名第 4，明显高于世界平均水平，说明电子和光学制品制造业出口具有较强的竞争优势和产品国际竞争力。以 ICT 行业为例，R&D 的强化和 ICT 基础设施的完善，已被视为全球经济持续增长的重要动力。在物联网（IoT）潜力的推动下，ICT 公司已迈出重要步伐。随着全球技术公司将越来越多的制造、组装甚至创新等环节外包给中国境内更有竞争力的地区，中国从不满足于外国公司低水平的技术转移逐渐到实现更高水平的技术自主和本土创新，从这一角度来看，中国确实已经有一定的竞争优势（Grimes and Yang，2017），但是在半导体等关键领域仍然缺少重要的核心技术，许多与设计相关的核心知识产权半导体集中在美国、韩国和欧洲等地，而中国仅仅涉及产品的生产、装配和测试等部分环节，半导体生产的大部分附加值都被总部位于中国以外的核心企业攫取了（Grimesa and Du，2020），这使中国自主创新后的全球化发展之路出现阻碍。华为就是典型案例，2020年5月，美国以华为及其下属公司通过第三方使用美国技术，损害了美国的国家安全和外交政策利益为由，修改了长期存在的外国直接生产规则（FDP），2020年8月17日进一步修改FDP规定，严格限制了华为获得使用美国软件或技术开发、生产的国外制造芯片的权利。

中国电子和光学制品制造业虽然有一定的竞争力，但是还是没有达到全球领先水平，其未来的重构道路应该在关注自主创新和本土技术之余，将移动互联网、云计算、大数据和物联网与现代制造业结合起来，进行产业链调整，同时关注工资成本、汇率、金融因素和调整机制，选择合适的区域进行价值链重组。

交通运输设备制造业VRCA指数为0.62，统计内的62个国家排名第26，略低于世界平均水平，该产业增加值显性比较优势不明显。与全球价值链的"微笑曲线"不同，交通运输设备制造业的国内价值链在不同生产环节的分布呈现"拱形曲线"，国内价值链主要通过生产制造环节实现，生产制造环节获得增加值的依赖最强，上、下游产业获得的增加值相对较少，中国交通运输设备制造业在全球价值链分工中尚处于较低端的位置，价值链从中游加工制造环节向产业链上游攀升。交通运输设备制造业的全球竞争力并不强，一方面，需要依赖华东地区的地域优势向"全球微笑曲线"左端的产业链上游攀升；另一方面，应推动东部地区的劳动密集型产业和生产制造环节向中西部地区转移，积累竞争优势，提升其获得增加值的能力，构建国家价值链。

对于医药制品制造业而言，中国已在其全球价值链中崛起为重要的力量，GVCs分工地位越来越高，但是尽管中国企业在制药价值链中占据了越来越高的价值环节，由于成本高、失败率高，中国企业很少参与新概念药物的研发，大多数国内公司都在生产低成本的仿制药或现有药物的仿制药（Wadhwa et al., 2008），美国和英国在生命科学领域仍占据主导地位。中国的医药制品制造业的VRCA指数为0.68，在统计的43个国家中

（2016版WIOD数据库）排名第14，远远低于韩国、法国、美国、英国和日本等主要发达国家，并没有明显的竞争优势。大型制药公司的传统研发模式已进入危机时期，收入和竞争力不断下降，全球制药行业的研发模式需要重塑（Munos，2009）。在此背景之下，中国的主要任务是进行新概念药物的研发，构建国家价值链，同时由于中国人口庞大且老龄化严重，在推动本国医药行业发展的同时，依旧需要长期依赖外国公司的医疗服务支持（Grimes and Miozzo，2015）。因此，对于中国医药制品制造业而言，参与全球价值链重构的路径是在全球化的背景下构建国家价值链。

第七章 中国通信产业参与全球价值链重构的案例分析

第一节 通信产业全球价值链分工及中国通信产业全球价值链分工位置

一、通信产业全球价值链分工

通信产业的产业链分工范围很广泛，从材料选择、开发产品、工艺设计、中间品加工组装和成品制造，延续到销售和售后环节。其中，产业链下游环节的进入壁垒较低，但是沿着产业链向上游的芯片设计、元器件制造攀升，准入门槛不断提高。本节将从5G时代通信产业链中各环节的角度来阐述通信产业全球价值链的分工情况（见图7-1）。

根据《民生证券研究报告》中有关通信基建及云计算全球产业链上下游概况，在通信产业全球价值链的国家分工中，从整体上看主要呈现区域布局的特点。在全球价值链最上端的芯片和电子元器件环节中，美国和韩国在芯片制造所需原材料半导体的供应商方面占据绝对优势，垄断了上游半导体材料的供应。根据美国市场研究机构Gartner发布的2023年全球半导体厂商销售额排行榜①，2023年全球收入排名前十的半导体厂商中，有7名来自美国，其余3名来自韩国和瑞士。另外上游光通信设备里的射频器件是5G终端的关键性器件，其中的射频芯片是手机终端中最重要的核心芯片之一，例如华为之前就曾因为缺乏5G射频芯片而导致5G手机无法顺利上市。目前全球射频前端市场集中度较高，以美日系厂商为主，根据Yole发布的数据②，2022年全球市占率排名前五的厂商分别是博通（美国，19%）、高通（美国，17%）、Qorvo（美国，15%）、Skyworks（美国，15%）、村田（日本，14%），合计市占率达80%。

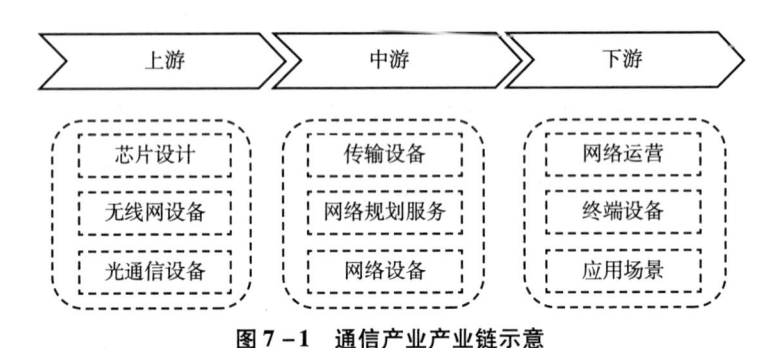

```
┌─────────┐ ┌─────────┐ ┌─────────┐
│  上游   │ │  中游   │ │  下游   │
└─────────┘ └─────────┘ └─────────┘
┌─────────┐ ┌─────────┐ ┌─────────┐
│ 芯片设计 │ │ 传输设备 │ │ 网络运营 │
│无线网设备│ │网络规划服务│ │ 终端设备 │
│光通信设备│ │ 网络设备 │ │ 应用场景 │
└─────────┘ └─────────┘ └─────────┘
```

图7-1 通信产业产业链示意

中游传输设备中的5G基站部署主要在中、美、日、韩展开，前瞻产业研究院发布的《中国5G市场前景及投资机会研究报告》显示，2021年中国5G基站数量占73%，韩国、美国、日本、德国5G基站数量占比分别为10%、5%、3%、3%，中国在中游的5G基站建设中占据绝对优势地位。另外，中游中的网络设备主要由交换机、路由器和无线设备组成，根据前瞻产业研究院《2023年全球计算机网络设备制造市场规模及竞争格局》数据显示，交换机市场主要由美国和中国占据较大份额，其中，美国

---

① 2023年全球半导体厂商销售额10强排行榜，英特尔重返首位［EB/OL］.新浪财经.2024-01-18. https://finance.sina.com.cn/wm/2024-01-18/doc-inacwvch2866660.shtml002E.
② 射频前端：驱动因素、竞争格局及相关公司深度梳理［EB/OL］.雪球.2023-11-15. https://xueqiu.com/3966435964/267039822.

第七章　中国通信产业参与全球价值链重构的案例分析

的思科以及 Arista 等企业占比约 60%，其次是中国的华为和新华三占比为 17%[①]。路由器市场方面，整体来看，新兴市场增速较快，思科和华为两大巨头齐头并进。从市场地域位置看，亚太地区、北美、欧洲是路由器的主要市场，高端路由器集中在北美地区。无线设备方面，从目前发展情况来看，思科处绝对优势地位，以 44% 的市场份额稳居第一，其余企业竞争则较为分散。

在下游的网络运营环节，美国和中国均具有较强的竞争力，根据《通信产业报》全媒体从全球 1250 家通信运营商中整理出的营收业绩 Top10 中得出，前五名中有三家是美国的运营商，而位列第一的则是中国移动，除此之外，中国也有三家运营商进入了前十。另外，在下游的终端设备制造中，美国、中国和韩国都在其中占据优势地位，根据表 7-1，2022 年和 2023 年全球智能手机主要来源于中国、美国和韩国，其中，排名前五的企业有三家为中国企业，合计占比为 28.2% 和 29.4%，相比其他两国处于优势地位。

表 7-1　2022~2023 年全球排名前五的智能手机企业出货量

公司	2023 年出货量（百万台）	市场占有率（%）	2022 年出货量（百万台）	市场占有率（%）
苹果	234.6	20.1	226.3	18.8
三星	226.6	19.4	262.2	21.7
小米	145.9	12.5	153.2	12.7
OPPO	103.1	8.8	114.4	9.5
传音控股	94.9	8.1	72.6	6.0
其他	361.8	31.0	377.2	31.3

资料来源：IDC 全球移动电话季度追踪报告。

[①] 前瞻产业研究院.2023 年全球计算机网络设备制造行业竞争格局、市场份额及发展趋势分析［EB/OL］.深圳前瞻产业研究院.2024-05-10. https://bg.qianzhan.com/report/detail/300/230706-c0aedc6b.html.

综上所述，我们可以得出在通信产业全球价值链的分工中，技术进入门槛较高且附加值高的上游环节中的芯片端主要被美国、韩国、日本等主要国家占据；而在中游、下游技术门槛相对较低的环节中，中国占据的环节较多，除此之外，美国、韩国在中、下游中一些环节也占据重要地位（见表7-2）。

表7-2　通信产业价值链分工中主要国家所占领的环节

国家	在通信产业链中所占据的主要环节
美国	半导体材料供应、射频芯片等（上游）、网络设备、网络优化服务（中游）、运营商、终端设备供应（下游）
韩国	半导体材料供应、芯片设计（上游）、5G基站（中游）、终端设备供应（下游）
日本	射频芯片等（上游）
中国	5G基站（中游）、运营商、终端设备供应（下游）
其他	半导体材料供应（上游）、5G基站（中游）

二、中国通信产业在全球价值链分工中的位置

随着时代的变迁，通信产业链也在不断变化，从图7-2可以看出，通信产业链横向不断延伸，变得越来越复杂，而中国在通信产业全球价值链的分工也随之在不断变化，但是从整体上看中国在产业链中下游实力领先，上游核心元器件依赖性强。因此，本节将从时代变化的顺序来阐述中国通信产业在全球价值链分工中的位置变化。

在传统的1G和2G发展阶段（1979~1991年），中国整体处于从空白到跟随的阶段，落后世界很多年，因为1G模拟时代并没有形成统一的标准，所以各个国家都推出了自己的通信系统，共有来自七个国家的八种制式的机型或网络垄断了中国的通信市场，分别为：日本的NEC和富士通、美国的朗讯、加拿大的北电、瑞典的爱立信、德国的西门子、比利时的

BTM 以及法国的阿尔卡特，这个时期也被称为七国八制时代。2G 时代到来，中国通信市场巨大的潜力也被发掘，中国形成了运营商"七雄"（电信、移动、联通、卫通、小网通、吉通、铁通）争霸的格局，而此时中国的华为、中兴等企业才开始慢慢起步。所以该阶段的中国在通信产业还并未有能力参与进全球分工中，而是形成一个以国有电信运营商为中心，国外设备、芯片、终端厂商为主体，本国厂商为支撑和补充的生态系统结构，在国外成熟标准的架构下进行技术和市场追赶。

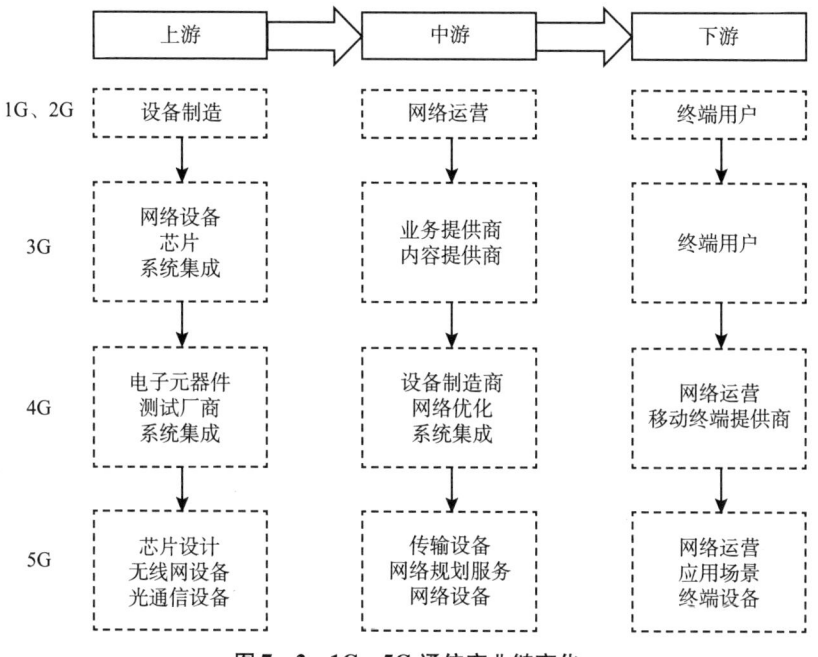

	上游	中游	下游
1G、2G	设备制造	网络运营	终端用户
3G	网络设备 芯片 系统集成	业务提供商 内容提供商	终端用户
4G	电子元器件 测试厂商 系统集成	设备制造商 网络优化 系统集成	网络运营 移动终端提供商
5G	芯片设计 无线网设备 光通信设备	传输设备 网络规划服务 网络设备	网络运营 应用场景 终端设备

图 7-2　1G～5G 通信产业链变化

从 3G 时代开始（2001～2008 年），中国移动经受住 TD-SCDMA 产业化的重重考验，并首次打造出覆盖系统、芯片、终端、仪表和关键元器件等的完整的产业链，实现从"无芯"到"有芯"的突破。例如中国手机制造商中兴、华为、酷派等和运营商合作，推出了物美价廉的定制版手机。但是，在此阶段，中国通信产业在全球价值链中仍处于较低的位置。尽管

111

中国拥有世界上最大的移动通信市场，但大多数核心技术仍然掌握在高通、爱立信、诺基亚等跨国公司手中，中国通信企业主要扮演着制造者和组装者的角色，处于价值链的低端。

进入 4G 时代（2009～2018 年），中国通信产业在全球价值链中的分工位置得到了进一步提升。随着中国在 3G 时代的技术积累和经验沉淀，中国通信企业在 4G 技术的研发和应用上取得了显著进步。华为在 4G 时代的核心网、无线接入网等领域取得了多项技术突破，在全球 300 多张 LTE 网络中，华为公司建设了超过 154 张 4G 网络，为全球 4G 网络的部署和运营提供了有力支持。所以虽然该阶段中国通信产业参与全球价值链中分工位置仍主要在低利润的制造组装环节，但已经开始向高利润的网络运营端和芯片端攀升了。

5G 时代（2019 年至今），中国 5G 通信产业在全球价值链中已经处于重要地位，具有成熟的产业链和明确的分工，但是我国 5G 产业链没有形成从设计到制造再到封测的完整链条，产能主要集中在技术水平低端、产业附加值低的中低端领域，中高端原材料的产业链条缺失环节多，"卡脖子"现象严重。

第二节　中国通信企业参与全球价值链重构的路径：以华为为例

一、华为进入全球价值链分工

1996 年华为制定了全球化战略，但是此时的海外市场仍长期被电信巨头（摩托罗拉、高通等）垄断。直到分别在 2001 年与高通、2002 年与爱立信和 2003 年与诺基亚签订 PCT 专利授权协议后，华为才开始进入国际

第七章　中国通信产业参与全球价值链重构的案例分析

市场。在成功进入国际市场后，华为选择与摩托罗拉展开 OEM 合作，另外还与美国的 3COM 成立合资公司，华为凭借研发成本低、更贴近客户等优势，其自主开发的全系列路由器、以太网交换机产品，以 3COM 品牌在美国销售，从而得以突破美国政府的封锁，在北美市场开始布局，并成功嵌入全球价值链中。

2003 年华为开始从传统的路由器等设备制造开始涉足手机制造领域，但此时华为还只是作为欧洲运营商的 ODM 厂商，开始嵌入手机的全球价值链，并在手机制造的全球价值链中处于附加值较低的组装加工环节。华为 2016 年年报显示，华为全年智能手机发货量达到 1.39 亿台，同比增 29%，连续 5 年稳健增长；全球市场份额提升至 11.9%，居全球前三。通过智能制造、精益生产和大规模定制的模式进行手机流程的升级，华为开始从传统的设备制造商向全球领先的 ICT 供应商转变，开始在全球价值链中向上攀升。

2020 年，美国商务部禁止芯片代工厂利用美国设备为华为生产芯片，而且强调不仅是美国的企业，所有使用美国技术、软件和设备的他国芯片企业都不得为华为提供芯片，同时也禁止华为使用美国软件和技术来设计芯片，这使得华为失去了最重要的芯片供应，也失去了最先进的芯片制造设备。针对美国禁止华为芯片进口，突破技术低端锁定这一情况，华为旗下的海思半导体不断加大研发投入，提高自主创新能力，努力摆脱对外部供应链的依赖。Counterpoint Research 研究院发布的《2023 年第三季度智能手机处理器销售收入排行榜》显示[①]，海思半导体重返前五，超过了紫光展锐的芯片出货量。自此，华为在全球价值链中完成价值链的上升重构，开始成功向芯片端攀升（见表 7-3）。

---

① Counterpoint Research. 2023 年 Q3 全球智能手机处理器市场份额及收入分析报告[EB/OL]. 2024-05-10. 美国帕洛阿尔托：Counterpoint Research, https://www.counterpointresearch.com/（访问日期：2024.05.10）.

表 7-3　　　　　　　　华为公司嵌入全球价值链升级路径实践

嵌入全球价值链初期	嵌入全球价值链成熟期	嵌入全球价值链重构期
（1）获得标准企业专利授权，获得进入国际市场的"通行证"； （2）为摩托罗拉和美国3COM进行OEM生产合作，开始进入国际OEM市场	（1）2003年切入手机领域，为运营商OEM定制手机； （2）2012年，搭载自研四核心的移动中央处理K3V2的手机； （3）2016年推出二合一"笔记本电脑"	（1）2020年美国开始进行芯片封锁； （2）2023年华为Mate60上市，使得海思半导体重回全球芯片份额排行榜前五

二、华为进入国内价值链分工

2019年，中美贸易摩擦升级，美国商务部将华为列入了被制裁的"实体清单"，这一系列举措迫使华为不得不转向国内价值链的建设。中国拥有全球最大的消费市场和需求市场，东部以及沿海地区经济发展水平较高，能够承接本国市场需求，从事较高附加值的研发、销售环节，表7-4中显示，华为许多芯片类产品在断供后逐渐将其转移到国内部分地区进行生产，在这一背景下，中国高技术企业华为公司暂时放缓对全球价值链的融入，转向嵌入国内价值链中。总而言之，断供后华为手机生产各个环节的供应商数量显著减少，特别是一些原先在国外生产的核心零部件断供后使得国内企业必须承担多种零部件的供应，例如：仅提供组装代工服务的比亚迪在断供后开始负责玻璃盖板、电池等不同价值零部件的供应，而这种深度合作则有利于华为手机供应链效率的提升。

表 7-4　　　　　　　华为公司核心供应商断供前后变化情况

类别	产品名称	断供前境外供应商	断供后国内供应商
芯片类	CPU	高通（美国）	海思（深圳）
	电源管理芯片	Dialog（美国）	圣邦股份（北京）

续表

类别	产品名称	断供前境外供应商	断供后国内供应商
芯片类	模拟芯片	美信、Dialog（美国）	韦尔股份（上海）
	储存芯片	美光科技（美国）、SK海力士（韩国）	海思（深圳）
	GPU	英伟达、ARM（美国）	海思（深圳）
	射频芯片	博通（美国）	卓胜微（无锡）
	声学零部件	新飞通（美国）	立讯精密（深圳）、歌尔股份（潍坊）
零部件类（剔除芯片外）	PCB线路板	迅达科技（美国）、新兴电子（中国桃园）	深南电连、兴森科技（深圳）、沪士电子（苏州）
	玻璃盖板	伯恩（中国香港）	比亚迪（深圳）、蓝思科技（浏阳）
制造封装	组装代工	伟创力（新加坡）、富士康（中国台湾）	比亚迪（深圳）
	封装测试	日月光（中国台湾）	长电科技（无锡）、华天科技（南京）、通富微电（南通）

资料来源：笔者以华为官方公布的2018年核心供应商名单为基础整理。

三、华为进入区域化阶段

面对数字化转型趋势，华为在其垂直应用端业务中将数字化后疫情时代，全球产业链面临重组，面对全球产业链的分化，中国产业群的提质升级可以"一带一路"建设为依托，向主导区域产业链的方向调整深化。原因如下：第一，中国与部分"一带一路"国家地理位置相邻，交通便利、资源丰富，2020年，中国对"一带一路"国家进出口额为9.37万亿元，双方互利合作前景广阔①；第二，中国与"一带一路"国家产业互补性较强；第三，中国已具有探索主导区域产业链的能力。在此背景下，华为公司为了冲出芯片封锁、开拓市场、拓展自己的价值链，在应用端开始从国内价值链向区域价值链延伸，在"一带一路"等区域主动创建价值链。

"华为云"项目旨在帮助客户加速释放数字生产力，围绕智能家居、智慧办公、智慧出行、运动健康、影音娱乐5大场景，构筑卓越用户体验。《华为2023年年报》显示，2023年，华为云在亚太、拉美、中东、非洲、欧洲等海外区域保持快速增长，在亚太地区，华为云已成为企业数字化转型的最佳伙伴之一，并在超过10个亚太国家和地区设有本地服务团队，例如，泰国政府数据中心和云服务（GDCC）项目选择华为云Stack打造了国家政务云（National Telecom Cloud，NT Cloud），以支撑政府部门更方便地开发数字服务和提供更好的公共服务能力。在中东地区，华为云2023年在沙特开始提供本地云服务，还成功交付沙特千亿参数NLP阿语大模型项目，帮助沙特用户构建了绿色、智能、高效的智慧底座。在欧洲地区，华为云2023年在土耳其开始提供本地云服务，并且截至2024年，华为云在欧洲已累计服务超过3000家企业客户，拥有1000多家本土合作伙伴。

第三节　路径总结：从被动嵌入国内价值链到主导创建区域价值链

一、主动嵌入全球价值链

价值链这一概念最初源于波特（Porter，1985），他认为价值链是由公

---

① 吴泽林.三大优势两条路径：依托"一带一路"构筑区域产业链的现实维度［EB/OL］. 2024－05－10.中国一带一路网，https：//www.yidaiyilu.gov.cn/p/169833.html.

司在创建价值过程中的基本活动（生产、运输、营销和售后服务）和支持性活动（原料供应、技术、人力资源和财务）组成，海因斯（Hines，1998）在波特的基础上将价值链重新定义为"集成物料价值的运输线"，Kogut（1985）则认为价值链是技术与原料和劳动融合在一起形成各种投入环节的过程，其包含所有参与者和生产销售等活动的组织及其价值、利润分配（张辉，2004）。位于全球价值链上的企业主要从事设计、产品开发、产品制造、营销、出售、消费、售后服务、最后循环利用等增值活动（UNIO，2002）。

国际贸易和投资环境的不断改善，使资本和其他生产要素（王直等，2015）在全球范围内的流动进一步加剧，同时，劳动成本差异带来了新的利润动力（Baldwin，2012）。长期以来，中国凭借廉价的劳动力成本嵌入GVC中加工装配等劳动密集型生产环节，成为"世界工厂"。中国贸易规模迅速扩张、贸易顺差大量积累的背后却是中国出口企业获取的极为有限的加工费，企业在技术研发和品牌渠道上缺乏明显优势。这种贸易规模和贸易获利能力的错配（王岚和李宏艳，2015）是GVC分工给中国对外贸易发展带来的极大挑战。面对这种情况，中国企业亟须寻求价值链的延伸，培育新的增长点，而市场型治理和均衡网络型治理（刘志彪和张杰，2007）最有利于发展中国家在GVC中获得综合利益。

作为早期欧洲运营商的ODM厂商，华为以此为契机嵌入手机的全球价值链，但由于仅具备劳动力和土地成本优势，即便华为出货量很大，仍未受到消费者青睐。从外部因素看，全球经济增长的放缓和外需增长的疲软使得弊端进一步凸显，这种被动参与国际分工的模式容易使华为陷入路径依赖和低端分工锁定的局面，不利于中国自主品牌的培育和自主研发能力的提升。从内部因素看，劳动力成本的不断提升严重削弱了华为在加工装配等劳动密集型生产环节的成本优势，跨国公司开始将该环节的生产转移到劳动力成本更低的国家和地区。因此，华为需要向价值链上游延伸，通过提升技术创新能力、加强品牌建设、拓展销售渠道等方式，逐步提升在全球价值链中的地位。2011年华为开始改变运营商定制手机的模式，全力发展自主品牌的手机业务。华为抓住第四次技术革命兴起带来的要素禀赋在全球范围内重新配置的机会，积极融入全球价值链，不断完善手机制造业的传统流程、制作工艺、推进制造自动化、数字化、现代化的智能手机制造技术。通过智能制造、精益生产和大规模定制的模式进行手机流程的升级，在全球价值链中向上攀升。

二、被动接入国内价值链

依据全球价值链理论（Gereffi G. et al.，2005），刘志彪（2008）将国内价值链定义为由本土企业主导和治理的、立足国内市场和采用外包的网络经营模式，张少军（2009）则进一步将其定义拓展为"在追求整合能力、系统效率和网络效应的同时注重国内市场的培育和市场赶超，实施技术本地化战略、发挥大国区域差异提供的空间优势、强调国民经济体系的循环累积因果联系所形成的链条"。

俘获型网络（刘志彪，2007）的产生源自发达国家的跨国公司所具有的技术实力和国际大购买商所具有的市场实力，因此，摆脱GVC背景下被俘获关系的出路在于基于国内市场空间的国内价值链（NVC）的培育。随着中国劳动年龄人口逐年减少，土地、资源供需形势变化，生态环境硬约束强化，"数量红利"正在消失，依靠生产要素大规模高强度投入的"要素驱动"模式（王一鸣，2020）已难以为继。李佩瑾（2024）以依存度、嵌入度、嵌入位置测度新发展格局进程，发现自2008年金融危机爆发后，中国转向依靠国内需求潜力促进经济增长，国内各区域对国外的依赖程度不断下降，从参与全球价值链生产逐步转移到国内价值链生产。在新冠疫情暴发后，国内各区域更多依靠本区域和其他区域的最终需求，国内价值链嵌入程度提升。

在固化的全球价值链分工模式下，处于价值链高端位置的国家具有对

第七章 中国通信产业参与全球价值链重构的案例分析

整条价值链的控制权及产品的定价权。美国为保持科技竞争优势、控制国际竞争的制高点,不惜成本和代价对中国进行科技围堵和打压,限制相应的高技术出口,压缩高技术产品应用的市场空间,并切断科技合作和科技交流,试图利用其对中美双方影响的不对称效应,增加中国技术路线选择的成本和风险,遏制科技进步,通过技术锁定、技术垄断来阻止处于价值链低端的国家向高附加值环节攀爬。这种来自"GVC 底部"的增长战略(刘志彪和张杰,2009)面临严峻挑战。

邵朝对和苏丹妮(2017)提出,国内价值链能够增强全球价值链对地区生产率的空间溢出,人口红利逐渐消失这一问题主要存在于中国东部沿海地区,在中西部地区劳动力及土地价格仍具有一定优势。中国拥有全球最大的消费市场和需求市场,东部沿海地区经济发展水平较高,能够承接本国市场需求,从事较高附加值的研发、销售环节,将加工组装等低附加值的制造环节转移到中西部地区,从而形成各区域按比较优势协调发展的新格局。在这一背景下,中国高技术企业暂时放缓对全球价值链的融入,转向国内价值链的重构(见图 7-3)。

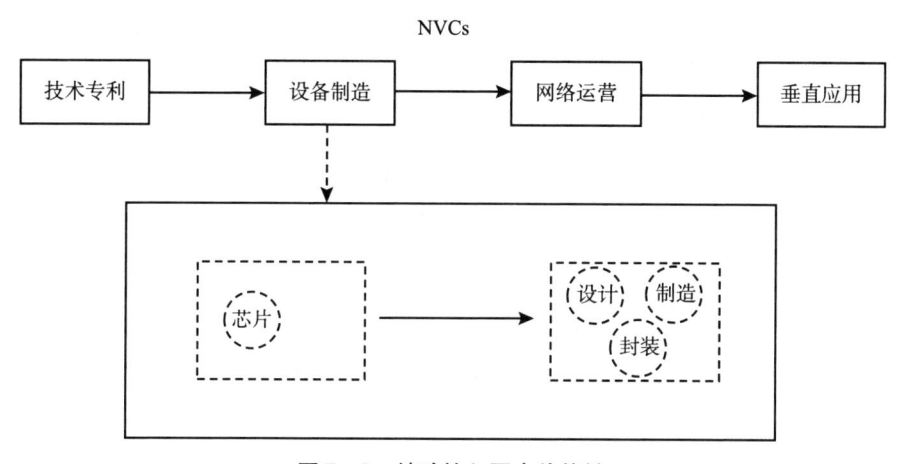

图 7-3 被动接入国内价值链

在中美贸易摩擦中,美国加大对华为的技术封锁,尤其是芯片领域。

芯片主要分为设计、制造和封测三个环节，华为自身具备芯片设计及封测能力，芯片制造所需材料和生产设备均有赖于尖端技术支持，形成了极高的技术壁垒，华为由于缺乏7纳米级别的高端光刻机，在制造环节被遏制，在被封锁后，华为在国际市场上失去高端芯片来源，被迫将各生产环节转到国内。通过加大技术研发投入，华为攻克了高端光刻机难题，研制出麒麟9000S芯片，并投入应用到Mate60系列手机中。这表明中国在芯片领域从过去的只能在全球价值链中从事中低端环节转向国内价值链的建设，进入高端制造环节，从而获得更高额的利润。

三、主导创建区域价值链

魏龙和王磊（2016）在最早的研究中提出区域价值链是一种以产业升级和中高端化发展为目标的跨企业网络组织。其后的研究对区域价值链定义进行了进一步补充，贝克（Backer，2018）认为区域价值链的分类依据除了地理位置和贸易协定之外，还应包括消费模式和经济发展水平。

对于"一带一路"，魏龙和王磊（2016）通过分析中国和沿线主要国家的RCA指数和RGVC表明中国在产业层面确实具备主导区域价值链的条件，张理娟等（2016）则认为倡议的提出将有望通过国际产业转移实现国内产业结构升级，改变沿线各国产业发展和世界经济增长格局，陈健和龚晓莺（2018）也提出中国主导的区域价值链的打造，能够平衡美欧等发达国家主导下的全球经济发展不平衡、贫富差距不断加大的现状。姜峰和段云鹏（2020）利用DFA法测算"一带一路"60个经济体的数字经济发展水平，并通过实证分析发现"一带一路"经济体数字经济发展有利于推动中国贸易地位提升，且其中中国制造的中间品和消费品最为显著。同时，高运胜和杨阳（2020）提出中国嵌入全球价值链与构建区域价值链的嵌套式分工并行不悖。

如图7-4所示，在垂直应用端，华为将数字化与基础服务相融合，诞

第七章 中国通信产业参与全球价值链重构的案例分析

生出"华为云"这一新业务,"华为云"不仅帮助客户加速释放数字生产力,更在云服务领域与"一带一路"国家展开了深入合作。"一带一路"区域价值链的建立一方面可以摆脱中国对全球价值链的过度依赖,使自身在全球价值链中更具有话语权;另一方面,可以使中国和区域间的合作更为紧密,更好地抵抗"逆全球化"冲击。华为为拓展自身市场,在应用端开始从国内价值链向区域价值链延伸,主动创建区域价值链。通过将数字化和基础服务相融合,诞生出"华为云"这一新项目,帮助客户加速释放数字生产力,与"一带一路"国家沙特的电信运营商签署谅解备忘录,就云服务方面开展合作。此外,华为还为东盟全屋智能提供空间智能化解决方案,通过自主可控的创新技术、稳定可靠的灵活方案,助力房屋建筑回归居住属性、服务属性,成为助力住建行业绿色可持续发展的绝佳案例。

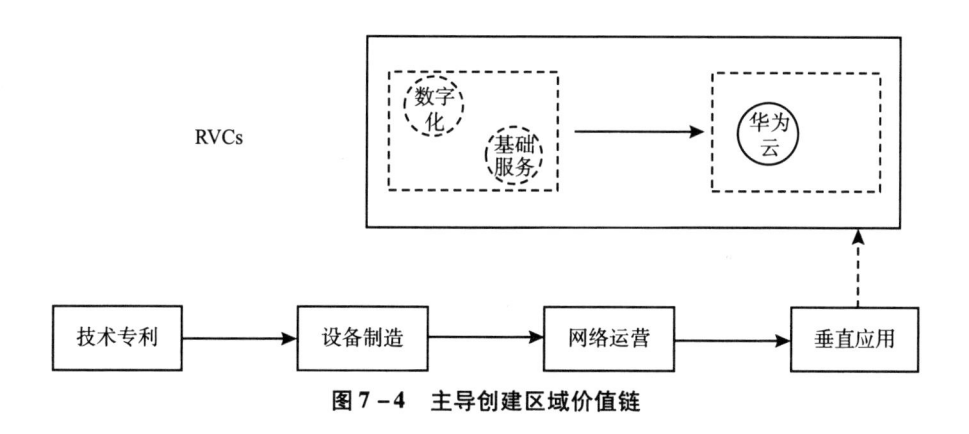

图7-4 主导创建区域价值链

从传统领域拓展到数字、绿色新兴领域,中国与东盟多领域合作正进一步深化升级。数字经济、绿色经济是中国与东盟各国深入合作的关键抓手。华为所引领的建筑空间的数字化、智能化为中国与包括东盟在内的"一带一路"合作伙伴在新一轮科技和产业变革下达成更多合作创造机遇,促进区域经济一体化发展,实现共赢。

四、企业参与全球价值链重构演化路径

图 7-5 为企业参与全球价值链重构的演化路径，华为作为中国移动通信行业代表企业，标准契合这一演化路径。在初期，华为通过建立自主品牌和技术研发，实现更大的品牌影响力以及利润空间，主动融入全球价值链，在全球价值链中积极寻求攀升，培育新的利润增长点。

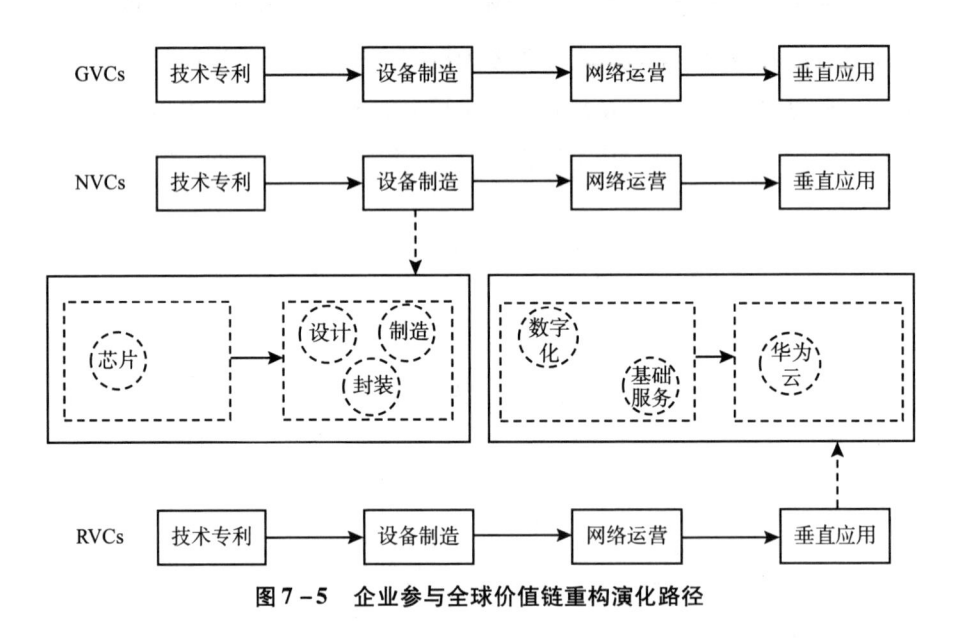

图 7-5　企业参与全球价值链重构演化路径

由于缺乏高端核心技术，在固化的全球价值链分工模式下，处于价值链高端位置的国家具有对整条价值链的控制权及产品的定价权。美国为维持其竞争优势，不惜一切代价对中国企业进行围堵，通过技术锁定、技术垄断阻止中国企业向价值链上游攀升。中美贸易摩擦升级，美国一方面在供给端直接切断上游企业对华为的芯片供应，另一方面在需求端遏制华为在美国和全球市场的扩张，华为不得不转向国内价值链的建设。在设备制造端，华为将芯片相关高技术、高附加值环节转移到国内，通过加大自主

研发和生产的力度，实现自给自足的生产模式。

　　现如今，随着全球经济的不断发展变化，数字经济成为当前各国普遍认为的最具潜力的新经济增长点，区域价值链逐渐为国际产品分工和国际产业的转移提供新视角。在垂直应用端，华为将"数字化"与"基础服务"相融合，诞生出"华为云"，通过助力"一带一路"国家数字经济发展，提高沿线经济体与中国双边贸易多样性水平，促进中国向更高的贸易地位晋升。

第八章 总结与政策建议

第一节 主要结论

研究中综合运用产业发展理论、比较优势理论、竞争优势理论与 GVCs 分工理论,剖析了 GVCs 重构的理论机制,分析中国高技术制造业参与 GVCs 分工的现状和特点,将中国高技术制造业参与 GVCs 重构演化分为三种主要方式,构建了超循环理论模型,并基于超循环模型解释中国高技术制造业参与 GVCs 重构的路径选择。主要观点总结如下。

第一,参与全球价值链重构主要有主动嵌入、被动接入和主导创建三种主要方式。主动嵌入的重构方式探讨的是一国嵌入原有价值链并在价值链上向创造更高价值的环节移动、生产更高价值的产品,目的是追求更高的生产率;被动接入方式探讨的是逆全球化的过程,一国将价值链的所有环节控制在本国范围内生产;主导创建的重构方式探讨的是一国跨链条或者跨产业创造或者主导价值链,通过链条转换,进入新的产品价值链获取更高的价值和链条主导权的方式。

第二,中国高技术制造业的重构路径受其产业特性、全球竞争环境、产业发展目标以及政府战略的影响,重构的路径有差异。(1)嵌入原始全球价值链路径,产业沿着价值链方向,分别向两端攀升,提高技术创新和研发能力,延长价值链长度。(2)构建国家价值链路径,部分高技术制造

第八章 总结与政策建议

业在进行功能升级和链条升级时遇到障碍，因此中国高技术制造业暂时放缓全球价值链的融入度，优先致力于提高产品在国内的附加值，逐步发展和培育自身的高级要素，助力构建国家价值链，改变本国产业竞争优势。（3）主导区域价值链路径，中国高技术制造业已经在上游或者中游有一定的价值增值和价值创造能力，未来价值链重构的发展路径在于对于整条价值链的控制，主导区域价值链。（4）国家价值链和区域价值链的混合发展路径，在构建国家价值链，改变本国产业竞争优势之后，以一定的价值增值和价值创造能力主导区域价值链。

第三，中国高技术制造业参与全球价值链重构存在超循环演化过程。高技术企业内部业务单元在进行业务重构的同时保证内部有序而简单的循环，将其重构能力循环传导到相关企业，影响其相关上下游企业的竞争力；中国高技术制造业价值链的催化循环拓展到全球价值系统中，某条产业价值链的重构活动推动相关价值链竞争力改变，功能耦合并相互提供催化，形成一个从企业内部到整条产业再到整个全球价值链系统的超循环系统，改变着中国高技术制造业在整个全球价值链体系的分工格局。

未来中国高技术制造业全球化发展布局可以围绕上游技术研发改革、中游产业融合创新、下游链条延长发展以及区域链条控制加强等方面进行规划。

第一，进行技术创新，围绕自身积累和强化的核心能力展开，在设计研发环节创造优势。纵使未来高技术制造业价值链的利润增长点已不仅仅局限于设计研发环节，科学技术依旧是第一生产力。受国际市场竞争环境的影响，现阶段中国出口在全球市场上面临较严峻的形势：低端产业的优势在快速削弱，高端产业的优势却尚未建立。中国依靠其廉价的劳动力成本优势被锁定在全球价值链的低端加工组装环节，获得较低的利润份额，但伴随着中国廉价劳动力成本优势的丧失，中国高技术产业面临着"被挤出"全球价值链的风险。随着全球经济缓慢复苏，发达国家纷纷推出了制造业再兴战略，中国也出台了旨在提升中国高新技术产业竞争力的国家战略——《中国制造 2025》。中国高技术产业一方面进行技术模仿和学习，另一方面要进行关键性技术创新和追赶，推动技术进步和技术创新能力的提升，依托中国战略性新兴产业，在发达国家尚未形成绝对技术优势的领域加大研发投入，引导技术创新，争取国际分工地位的主导权。

第二，优化价值链要素，通过"互联网+"、智能制造，在生产制造环节创造优势。随着移动互联网、"互联网+"、大数据等信息技术变革和应用终端的出现，传统消费模式和营销渠道正在发生根本性改变，用新方式重组价值链，进行颠覆、破坏性或者颠覆性创新。当一条产业价值趋于成熟，企业无法在其微笑曲线中寻找新的定位，可能会继续被锁定在既有的环节，如不满足于既定环节的利润，可能会被淘汰于既有分工模式之外。此时需要寻求新的创造方式，进行产业融合，跨产业颠覆既有产业链形态。以传统服装制造业红领为例，创造了 C-M-C 的酷特智能大规模个性化定制系统，大数据、互联网等高技术的渗透，使传统服装制造业价值链中的设计环节从以专家为核心转变为以用户需求为入口，将普通工人为核心的生产环节变为以生产技术为核心的生产环节，从而改变产业价值链形态，产生超强利润。未来此类新兴产业广泛应用于全球生产网络，必定能重构全球价值链。

第三，延长产业价值链，提高服务型制造和生产性服务业比重，在下游服务环节创造优势。随着要素成本的不断上涨以及劳动生产率的持续提高，大部分品牌主导型或下游主导型产业在制造环节的增值能力受限，更多的价值增值体现在服务环节，企业从之前聚焦生产环节向提供产品和服务转变。高技术制造业从 GVCs 中的低附加值攀升到高附加值过程中，需要从生产型制造向服务型制造转变，提高生产性服务业比重，向服务领域延伸，实现价值增值和价值链升级。

第四，融入"一带一路"，建立 RVCs，加强链条的整体控制能力。"一带一路"是推动中国高技术制造业"走出去"，实现"制造大国"向"制造强国"转变的重要手段，也是"中国制造 2025"的核心内容。如果不创建一条由本国主导的 RVCs，中国高技术制造业将会被始终"锁定"在价值链的中低环节，无法沿着价值链攀升到高端利润环节。在"一带一路"框架下构建 RVCs，推动中国高技术制造业参与 GVCs 重构，发挥本国的相对技术优势，由价值链的参与者变为价值链的治理者，在国际竞争中争取更多的话语权。

第二节 研究的创新点

本书的主要创新点体现在以下三个方面。

第一，尝试建立特定产业全球价值链重构的分析框架。由于高技术制造业不同于传统产业的特性，全球价值链重构研究需要更多考虑产品价值链的形态和国家在价值链的利润分配，本书研究了全球价值链升级和全球价值链重构，整合工艺升级、产品升级、功能升级和跨产业升级四种升级模式，提出企业价值链重构、产业价值链重构和国家价值链重构逐渐递进的研究层次和主动嵌入、被动接入、主导创建三种方式。

第二，首次运用超循环模型分析中国高技术制造业参与全球价值链重构的过程。全球价值链重构是基于已有的全球价值链分工基础上再分工的动态演化的过程。本书从全球价值链视角，观测企业内部结构变化，认为企业内部的变化推动产业链条的形态变化，不同产业链条的变化相互循环，推动全球价值链重构的发生。运用超循环模型能更好地分析不同产业、企业在参与全球价值链重构的动态演化过程。

第三，创新地提出中国主导高技术制造业参与全球价值链重构的链条转换和路径选择。本书提出中国高技术制造业参与全球价值链重构过程中的路径选择，进一步运用 WIOD 数据库，选取五类高技术产业，以产业增加值显性比较优势指数（VRCA）为依据，确立了产业参与全球价值链重构的路径。此结论对未来中国高技术制造业的发展和全球价值链中地位的提升有一定的指导意义。

第三节 研究展望

本书基于企业维度 GVCs 重构、产业维度 GVCs 重构和国家维度 GVCs 重构的视角构建了 GVCs 重构的理论体系和超循环模型,从理论深层次上揭示了中国高技术参与 GVCs 重构的演化循环方式与路径选择,构建了 GVCs 重构的分析框架。然而,尚存在一些问题值得在未来深入研究:

(1) 探讨中国服务业参与全球价值链重构。本书虽然探讨的是高技术产业,但是研究中主要以高技术制造业为主。基于制造业服务化、服务外包等现象越来越广泛地存在于 GVCs 分工体系中,服务价值链的形成、发展和价值链形态以及不同国家服务业在 GVCs 分工中的位置、角色已经引起了国内外学者的关注,因此本书未来的研究方向将扩展到高技术服务业,例如信息服务业、电子商务服务业等,完善 GVCs 重构理论框架。

(2) 进一步运用企业的微观数据直观地展示其超循环的动态演变过程。本书虽然运用超循环模型分析企业价值链重构到产业价值链重构再到国家价值链重构的超循环过程,但是仅以理论构架为主,并未真正运用企业的微观数据直观地展示其超循环的动态演变过程,后续的研究期望基于代表性的高技术企业进行分析研究。

参 考 文 献

[1] 白雪洁，李媛. 我国战略性新兴产业发展如何避免低端锁定——以风电设备制造业为例 [C]//中国工业经济学会2011年年会，2011.

[2] 包玉泽，谭力文，刘林青. 全球价值链背景下的企业升级研究——基于企业技术能力视角 [J]. 外国经济与管理，2009，31 (4)：37 – 43.

[3] 保罗·克鲁格曼. 地理和贸易 [M]. 张兆杰，译. 北京：北京大学出版社，2000.

[4] 陈爱贞，刘志彪. 决定我国装备制造业在全球价值链中地位的因素——基于各细分行业投入产出实证分析 [J]. 国际贸易问题，2011 (4)：115 – 125.

[5] 陈德智，刘辉. 是高效率还是低成本？——华为追赶爱立信 [J]. 科学学研究，2014，32 (12)：1836 – 1845.

[6] 陈健，龚晓莺. 中国产业主导的"一带一路"区域价值链构建研究 [J]. 财经问题研究，2018 (1)：43 – 49.

[7] 戴翔，刘梦，张为付. 本土市场规模扩张如何引领价值链攀升 [J]. 世界经济，2017，40 (9)：27 – 50.

[8] 戴翔. 中国出口贸易利益究竟有多大——基于附加值贸易的估算 [J]. 当代经济科学，2015，37 (3)：80 – 88.

[9] 戴翔. 中国制造业国际竞争力——基于贸易附加值的测算 [J]. 中国工业经济，2015 (1)：78 – 88.

[10] 段文娟，聂鸣，张雄. 全球价值链下产业集群升级的风险研究

[J]. 科技进步与对策, 2007, 24 (11): 154-158.

[11] 费文博, 于立宏, 叶晓佳. 融入国家价值链的中国区域制造业升级路径研究 [J]. 经济体制改革, 2017 (5): 61-68.

[12] 高敬峰, 王庭东. 中国参与全球价值链的区域特征分析——基于垂直专业化分工的视角 [J]. 世界经济研究, 2017 (4): 83-94.

[13] 高凌云, 王洛林. 进口贸易与工业行业全要素生产率 [J]. 经济学, 2010, 9 (2): 391-414.

[14] 何祚宇, 代谦. 上游度的再计算与全球价值链 [J]. 中南财经政法大学学报, 2016, 214 (1): 132-138.

[15] 胡晨光, 徐梅. OFDI 强度、研发强度与中国大中型工业企业经营绩效——基于中介效应与调节效应视角的研究 [J]. 经济学家, 2016 (4): 88-95.

[16] 胡昭玲. 产品内国际分工对中国工业生产率的影响分析 [J]. 中国工业经济, 2007 (6): 38-45.

[17] 黄顺基. 从系统工程到开放的复杂巨系统 [J]. 辽东学院学报 (社会科学版), 2010, 12 (5): 1-9.

[18] 黄先海, 杨高举. 高技术产业的国际分工地位: 文献述评与新的分析框架 [J]. 浙江大学学报 (人文社会科学版), 2009, 39 (6): 145-154.

[19] 黄永明, 何伟, 聂鸣. 全球价值链视角下中国纺织服装企业的升级路径选择 [J]. 中国工业经济, 2006 (5): 56-63.

[20] 李惠茹, 陈兆伟. "一带一路" 倡议对高端产业区域价值链构建的影响 [J]. 河北经贸大学学报, 2018, 39 (4): 36-44, 65.

[21] 李嘉图. 大卫·李嘉图全集 [M]. 胡世凯, 译. 北京: 商务印书馆, 2013.

[22] 李平, 狄辉. 产业价值链模块化重构的价值决定研究 [J]. 中国工业经济, 2006 (9): 71-77.

参考文献

[23] 李曙华. 超循环——系统生成的机制、特征与方法论基础 [C]. 全国系统科学学术研讨会, 2005.

[24] 李小平, 朱钟棣. 国际贸易、R&D 溢出和生产率增长 [J]. 经济研究, 2006 (2): 31-43.

[25] 李丫丫, 潘安. 工业机器人进口对中国制造业生产率提升的机理及实证研究 [J]. 世界经济研究, 2017 (3): 87-96.

[26] 李丫丫, 赵玉林. 战略性新兴产业融合发展机理——基于全球生物芯片产业的分析 [J]. 宏观经济研究, 2015 (11): 30-38.

[27] 厉无畏, 王秀治. 产业竞争力论 [J]. 上海经济, 2001 (6): 27-31.

[28] 林孝文. 中国在国际垂直专业化分工体系中的地位与结构性风险 [J]. 福州大学学报 (哲学社会科学版), 2012, 26 (1): 19-25.

[29] 刘纯彬, 杨仁发. 中国生产性服务业发展的影响因素研究——基于地区和行业面板数据的分析 [J]. 山西财经大学学报, 2013 (4): 30-37.

[30] 刘海云, 毛海欧. 制造业 OFDI 对出口增加值的影响 [J]. 中国工业经济, 2016 (7): 91-108.

[31] 刘林青, 谭力文. 产业国际竞争力的二维评价——全球价值链背景下的思考 [J]. 中国工业经济, 2006 (12): 37-44.

[32] 刘林青, 周潞. 比较优势、FDI 与中国农产品产业国际竞争力——基于全球价值链背景下的思考 [J]. 国际贸易问题, 2011 (12): 39-54.

[33] 刘明宇, 芮明杰, 姚凯. 生产性服务价值链嵌入与制造业升级的协同演进关系研究 [J]. 中国工业经济, 2010 (8): 66-75.

[34] 刘鹏, 刘宇翔. 基于产业价值链的生产性服务业与制造业的融合 [J]. 科技情报开发与经济, 2008, 18 (17): 113-115.

[35] 刘涛雄, 徐晓飞. 互联网搜索行为能帮助我们预测宏观经济吗? [J]. 经济研究, 2015 (12): 68-83.

[36] 刘维林. 区域产业全球价值链嵌入的绩效与升级路径研究 [M]. 北京: 经济科学出版社, 2014.

[37] 刘雪娇. GVC 格局、ODI 逆向技术溢出与制造业升级路径研究 [D]. 北京: 对外经济贸易大学, 2017.

[38] 刘仰焰, 沈玉良. 我国光伏企业加工贸易生产控制模式之研究 [J]. 国际贸易问题, 2010 (7): 89 – 96.

[39] 刘志彪. 新常态下我国经济运行的三个特点和规律 [J]. 江海学刊, 2017 (1): 27 – 32.

[40] 刘志彪. "一带一路" 倡议下全球价值链重构与中国制造业振兴 [J]. 中国工业经济, 2017 (6): 35 – 41.

[41] 刘志彪, 张杰. 全球代工体系下发展中国家俘获型网络的形成、突破与对策——基于 GVC 与 NVC 的比较视角 [J]. 中国工业经济, 2007 (5): 39 – 47.

[42] 刘志彪, 郑江淮. 价值链上的中国: 长三角选择性开放新战略 [M]. 北京: 中国人民大学出版社, 2012.

[43] 刘志彪. 重构国家价值链: 转变中国制造业发展方式的思考 [J]. 世界经济与政治论坛, 2011 (4): 1 – 14.

[44] 刘重力, 赵颖. 东亚区域在全球价值链分工中的依赖关系——基于 TiVA 数据的实证分析 [J]. 南开经济研究, 2014 (5): 115 – 129.

[45] 马秀丽, 孙友杰. 信息时代企业价值链重构分析 [J]. 商业经济与管理, 2004 (2): 32 – 35.

[46] 迈克尔·波特. 竞争优势 [M]. 夏忠华, 等译. 北京: 中国财政经济出版社, 1988.

[47] 毛其淋, 盛斌. 贸易自由化、企业异质性与出口动态——来自中国微观企业数据的证据 [J]. 管理世界, 2013 (3): 48 – 68.

[48] 毛蕴诗, 张伟涛, 魏姝羽. 企业转型升级: 中国管理研究的前沿领域——基于 SSCI 和 CSSCI (2002—2013 年) 的文献研究 [J]. 学术研

究, 2015 (1): 72-82.

[49] 梅述恩, 聂鸣, 黄永明. 嵌入全球价值链的企业集群知识流动研究 [J]. 科技进步与对策, 2007, 24 (12): 201-204.

[50] 潘文卿, 李跟强. 中国区域的国家价值链与全球价值链: 区域互动与增值收益 [J]. 经济研究, 2018 (3).

[51] 潘文卿, 李跟强. 中国制造业国家价值链存在"微笑曲线"吗?——基于供给与需求双重视角 [J]. 管理评论, 2018, 30 (5): 19-28.

[52] 裴长洪. 中国贸易政策调整与出口结构变化分析: 2006—2008 [J]. 经济研究, 2009 (4): 4-16.

[53] 钱书法, 邰俊杰, 周绍东. 从比较优势到引领能力: "一带一路"区域价值链的构建 [J]. 改革与战略, 2017 (9): 53-58.

[54] 阙登峰, 肖汉雄, 卓丽洪. TPP、亚太区域价值链重构及对中国的影响 [J]. 经济与管理研究, 2017, 38 (1): 16-24.

[55] 盛斌, 陈帅. 全球价值链如何改变了贸易政策: 对产业升级的影响和启示 [J]. 国际经济评论, 2015 (1): 85-97.

[56] 史丹, 杨丹辉. 我国新能源产业国际分工中的地位及提升对策 [J]. 中外能源, 2012, 17 (8): 29-35.

[57] 宋怡茹, 魏龙, 潘安. 价值链重构与核心价值区转移研究——产业融合方式与效果的比较 [J]. 科学学研究, 2017, 35 (8): 1179-1187.

[58] 谭可欣, 乌家培. 研发人员创造性思维的自组织机制 [J]. 科学学研究, 2009, 27 (8): 1137-1143.

[59] 谭人友, 葛顺奇, 刘晨. 全球价值链重构与国际竞争格局——基于40个经济体35个行业面板数据的检验 [J]. 世界经济研究, 2016 (5): 87-98.

[60] 田庆锋, 张芳. 本土代工企业知识转移影响因素分析 [J]. 软科学, 2013, 27 (12): 63-66.

[61] 田文, 张亚青, 佘珉. 全球价值链重构与中国出口贸易的结构

调整 [J]. 国际贸易问题, 2015 (3): 3-13.

[62] 佟家栋, 谢丹阳, 包群. "逆全球化"与实体经济转型升级笔谈 [J]. 中国工业经济, 2017 (6): 5-13.

[63] 王发明. 全球价值链下的产业升级: 以我国光伏产业为例 [J]. 经济管理, 2009 (11): 55-61.

[64] 王岚, 李宏艳. 中国制造业融入全球价值链路径研究——嵌入位置和增值能力的视角 [J]. 中国工业经济, 2015 (2): 76-88.

[65] 王磊, 魏龙. "低端锁定"还是"挤出效应"——来自中国制造业 GVCs 就业、工资方面的证据 [J]. 国际贸易问题, 2017 (8): 62-72.

[66] 王直, 魏尚进, 祝坤福. 总贸易核算法: 官方贸易统计与全球价值链的度量 [J]. 中国社会科学, 2015 (9): 108-127.

[67] 王子先. 世界经济进入全球价值链时代中国对外开放面临新选择 [J]. 全球化, 2014 (5): 61-71.

[68] 王子先. 中国参与全球价值链的新一轮开放战略 [M]. 北京: 经济管理出版社, 2014.

[69] 魏龙, 王磊. 从嵌入全球价值链到主导区域价值链——"一带一路"战略的经济可行性分析 [J]. 国际贸易问题, 2016 (5): 104-115.

[70] 魏龙, 王磊. 全球价值链重构、分工利益流转与中国产业升级路径 [C]. 21 世纪数量经济学, 2016.

[71] 文东伟, 冼国明. 垂直专业化与中国制造业贸易竞争力 [J]. 中国工业经济, 2009 (6): 77-87.

[72] 文东伟. 中国制造业出口贸易的技术结构分布及其国际比较 [J]. 世界经济研究, 2012 (10): 29-34.

[73] 巫强, 刘志彪. 双边交易平台下构建国家价值链的条件、瓶颈与突破——基于山寨手机与传统手机产业链与价值链的比较分析 [J]. 中国工业经济, 2010 (3): 76-85.

[74] 吴彤. 生长的旋律 [M]. 济南：山东教育出版社，1996.

[75] 吴彤. 自组织方法论研究 [M]. 北京：清华大学出版社，2001.

[76] 吴义爽，盛亚，蔡宁. 基于互联网+的大规模智能定制研究——青岛红领服饰与佛山维尚家具案例 [J]. 中国工业经济，2016 (4)：127-143.

[77] 小艾尔弗雷德·D. 钱德勒. 看得见的手：美国企业的管理革命 [M]. 沈颖，译. 北京：商务印书馆，1987.

[78] 邢予青，Neal Detert. 国际分工与美中贸易逆差：以 iPhone 为例 [J]. 金融研究，2011 (3)：198-206.

[79] 徐元康. 我国高铁产业的战略性贸易政策分析 [J]. 宁夏社会科学，2016 (2)：95-99.

[80] 亚当·斯密. 国富论 [M]. 高格，译. 北京：北京联合出版公司，2015.

[81] 杨成名. 价值分析视角的利益相关者理论创新：一个研究框架 [C]. 2012 管理创新、智能科技与经济发展研讨会论文集，2012.

[82] 杨丹辉. 新能源产业贸易、国际分工与竞争态势 [J]. 重庆社会科学，2012 (11)：84-90.

[83] 余振，周冰惠，谢旭斌. 参与全球价值链重构与中美贸易摩擦 [J]. 中国工业经济，2018 (7)：24-42.

[84] 俞荣建，吕福新. 基于模块化与网格技术的价值网格——以"浙商"为例的组织超越发展的建构论观点 [J]. 中国工业经济，2007 (6)：121-128.

[85] 俞荣建，吕福新. 由 GVC 到 GVG："浙商"企业全球价值体系的自主构建研究——价值权力争夺的视角 [J]. 中国工业经济，2008 (4)：128-136.

[86] 张二震，任志成. FDI 与中国就业结构的演进 [J]. 经济理论与经济管理，2005 (5)：5-10.

[87] 张国旺. 中国—东盟自由贸易区: 进程与动因 [J]. 经济研究导刊, 2013 (22): 265-267.

[88] 张海洋. R&D 两面性、外资活动与中国工业生产率增长 [J]. 经济研究, 2005 (5): 107-117.

[89] 张辉. 全球价值双环流架构下的"一带一路"战略 [J]. 经济科学, 2015, 7 (3): 5-7.

[90] 张秋菊, 朱钟棣. 跨国外包的承接与我国技术进步关系的实证分析——基于 VECM 的长、短期因果关系检验 [J]. 世界经济研究, 2008 (6): 74-79.

[91] 张少军, 刘志彪. 全球价值链模式的产业转移——动力、影响与对中国产业升级和区域协调发展的启示 [J]. 中国工业经济, 2009 (11): 5-15.

[92] 张幼文. 从廉价劳动力优势到稀缺要素优势——论"新开放观"的理论基础 [J]. 南开学报 (哲学社会科学版), 2005 (6): 1-8.

[93] 赵玉林, 徐娟娟. 创新诱导主导性高技术产业成长的路径分析 [J]. 科学学与科学技术管理, 2009, 30 (9): 123-129.

[94] 周永亮. 价值链重构: 商业模式的创新源泉 [M]. 北京: 机械工业出版社, 2016.

[95] 卓越, 张珉. 全球价值链中的收益分配与"悲惨增长"——基于中国纺织服装业的分析 [J]. 中国工业经济, 2008 (7): 131-140.

[96] Agarwal R., Audretsch D. B. Does entry size matter? The impact of the life cycle and technology on firm survival [J]. *The Journal of Industrial Economics*, 2001, 49 (1): 21-43.

[97] Aldrich H., Ruef M. *Organizations Evolving* [M]. London: Sage Publications, 2006.

[98] Allarakhia M., Walsh S. Managing knowledge assets under conditions of radical change: The case of the pharmaceutical industry [J]. *Technova-*

tion, 2011, 31 (2): 105 – 117.

[99] Amador J., Cabral S. A network analysis of value added trade [J]. *May*, 2015.

[100] Amador J., Cappariello R., Stehrer R. Global Value Chains: A View from the Euro Area [J]. *Asian Economic Journal*, 2015, 29 (2): 99 – 120.

[101] Antràs P., Chor D., Fally T., et al. Measuring the Upstreamness of Production and Trade Flows. *NBER Working Paper* [J]//Criminal Justice and Neoliberalism. Palgrave Macmillan UK, 2011.

[102] Antràs P., Chor D. Organizing the Global Value Chain [J]. *Econometrica*, 2013, 81 (6): 2127 – 2204.

[103] Athukorala P. C. The Rise of China and East Asian Export Performance: Is the Crowding – Out Fear Warranted? [J]. *World Economy*, 2009, 32 (2): 234 – 266.

[104] Azmeh S., Nadvi K. Asian firms and the restructuring of global value chains [J]. *International Business Review*, 2014, 23 (4): 708 – 717.

[105] Baldwin R., Ito T., Sato H. Portrait of Factory Asia: Production network in Asia and its implication for growth-the "smile curve" [Z]. 2014.

[106] Bottazzi G., Dosi G., Lippi M, et al. Innovation and corporate growth in the evolution of the drug industry [J]. *International Journal of Industrial Organization*, 2001, 19 (7): 1161 – 1187.

[107] Bovet D., Martha J. Value nets: reinventing the rusty supply chain for competitive advantage [J]. *Strategy & Leadership*, 2000, 28 (4): 21 – 26.

[108] Branstetter L., Lardy N. China's Embrace of Globalization [J]. *Social Science Electronic Publishing*, 2006.

[109] Breschi S., Lissoni F., Malerba F. Knowledge-relatedness in firm

technological diversification [J]. Research Policy, 2003, 32 (1): 69 -87.

[110] Bröring S., Cloutier L. M. Value-creation in new product development within converging value chains: An analysis in the functional foods and nutraceutical industry [J]. British Food Journal, 2008, 110 (1): 76 -97.

[111] Bröring S., Martin Cloutier L., Leker J. The front end of innovation in an era of industry convergence: evidence from nutraceuticals and functional foods [J]. R&D Management, 2006, 36 (5): 487 -498.

[112] Brusoni S., Pavitt K. Problem solving and the co-ordination of innovative activities [R]. Report, University of Sussex, SPRU Electronic Working Paper Series, 2003, 93.

[113] Clarke T., Boersma M.. The Governance of Global Value Chains: Unresolved Human Rights, Environmental and Ethical Dilemmas in the Apple Supply Chain [J]. Journal of Business Ethics, 2017, 66 (2): 1 -21.

[114] Danni S. U., Shao C. Global Value Chain, Regional Economic Growth and Spatial Spillover [J]. Journal of International Trade, 2017.

[115] Defraigne J. C. Chinese outward direct investments in Europe and the control of the global value chain [J]. Asia Europe Journal, 2017, 15 (2): 1 -16.

[116] Diakantoni A., Escaith H., Roberts M., et al. Accumulating Trade Costs and Competitiveness in Global Value Chains [J]. Hubert Escaith, 2017.

[117] Duan W., Deng R., Fuxiang W. U., et al. "Made in China" branding from the perspective of global value chain: an analysis framework on a product functional decomposition [J]. Industrial Economics Research, 2018.

[118] Edward M. Bergman, Edward J. Feser. Innovation System Effects on Technological Adoption in a Regional Value Chain [J]. European Planning Studies, 2001, 9 (5): 629 -648.

[119] Evans P. B. , Wurster T. S. *Strategy and the New Economics of Information* [M]//Creating value in the network economy. Harvard Business School Press, 1999: 70-82.

[120] Fengtao M. A. , Jun L. I. Domestic Value Added, Length of Global Value Chain and Upstream of Manufacturing Products——A Comparative Study Based on Different Modes of Trade [J]. *Journal of International Trade*, 2017.

[121] Ferrantino M. J. , Koopman R. , Wang Z. , et al. Classification and Statistical Reconciliation of Trade in Advanced Technology Products: The Case of China and the United States [J]. *Development Economics*, 2008, 4 (2): 1-13.

[122] Feser E. Benchmark value chain industry clusters for applied regional research [Z]. 2005.

[123] Fonseca R J. *Robust International Portfolio Management* [M]. International management. Irwin, 2010: 6-8.

[124] Gereffi G. *Commodity Chains and Global Capitalism* [M]. Praeger, 1994.

[125] Gereffi G, Fernandez-Stark K. Global Value Chain Analysis: A Primer [J]. *Stark*, 2011.

[126] Ge Z Q. Information Age "Value Chain Modularity" and the Enlightenment [C]. International Conference on Internet Technology and Applications. IEEE, 2010.

[127] Grossman G. M. , Helpman E. *Innovation and Growth in the Global Economy* [M]//Innovation and growth in the global economy. MIT Press, 1991: 323-324.

[128] Grossman G. M. , Rossi-Hansberg E. Trading Tasks: A Simple Theory of Offshoring [J]. *American Economic Review*, 2008, 98 (5): 1978-1997.

[129] Guerrieri P. , Meliciani V. Technology and international competi-

tiveness: The interdependence between manufacturing and producer services [J]. *Structural Change & Economic Dynamics*, 2005, 16 (4): 489–502.

[130] Hagel J., Bergsma E., Dheer S. Placing Your Bets on Electronic Networks [J]. *Mckinsey Quarterly*, 1996.

[131] Havice E., Campling L. Where Chain Governance and Environmental Governance Meet: Interfirm Strategies in the Canned Tuna Global Value Chain [J]. *Economic Geography*, 2017, 93 (3): 292–313.

[132] Heckscher E. F., Ohlin B. G., Flam H., et al. *Heckscher–Ohlin Trade Theory* [M]. MIT Press, 1991.

[133] He N., Xia Y., Huang H., et al. Research on Science and Technology Policy of Promoting Chinese Industries Up to the Medium-high End of the Global Value Chain: Taking Equipment Manufacturing Industry as Research Object [J]. *Science & Technology Management Research*, 2018.

[134] Hernández V., Pedersen T. Global value chain configuration: A review and research agenda [J]. *Business Research Quarterly*, 2017, 20 (2): 137–150.

[135] Herrick P. E. Measuring the Trade Balance In Advanced Technology Products [J]. *Working Papers*, 1989.

[136] Hummels D., Ishii J., Yi K. The Nature and Growth of Vertical Specialization in World Trade [J]. *Journal of International Economics*, 2001, 54 (1): 75–96.

[137] Hummels. The Nature and Growth of Vertical Specialization in World Trade [J]. *Journal of International Economics*, 2001, 54 (1): 75–96.

[138] Humphrey, Schmitz Humphrey J., Schmitz H. How does upgrading in global value chains affect upgrading in industrial clusters? [J]. *Regional Studies*, 2002, 36 (9): 1017–1027.

[139] Jones C. I. Convergence Revisited [J]. *Journal of Economic Growth*,

1997, 2 (2): 131-153.

[140] Kaplinsky R., Morris M. A Handbook for Value Chain Research, Prepared for the IDRC [R]. 2003.

[141] Kaplinsky R., Terheggen A., Tijaja J. China as a Final Market: The Gabon Timber and Thai Cassava Value Chains [J]. *World Development*, 2011, 39 (7): 1177-1190.

[142] Kaplinsky R. What Contribution can China Make to Inclusive Growth in SSA? [J]. *Economics, Political Science*, 2011.

[143] Khessina O. M., Carroll G. R. Product Demography of De Novo and De Alio Firms in the Optical Disk Drive Industry, 1983-1999 [C]. Academy of Management Meetings, 2008.

[144] Kimura F. The Spatial Structure of Production/Distribution Networks and Its Implication for Technology Transfers and Spillovers [J]. *Working Papers*, 2015.

[145] Kiyota K., Oikawa K., Yoshioka K. The Global Value Chain and the Competitiveness of Asian Countries [J]. *Discussion Papers*, 2017, 16 (3): 257-281.

[146] Kogut B. Designing Global Strategies: Comparative and Competitive Value-Added Chains [J]. *Sloan Management Review*, 1985, 26 (4): 15-28.

[147] Koopman R., Powers W., Wang Z., et al. Give credit where credit is due: Tracing value added in global production chains [R]. National Bureau of Economic Research, 2010.

[148] Koopman R., Powers W., Wang Z. and Wei S. J. Tracing Value-Added and Double Counting in Gross Exports [J]. *American Economic Review*, 2014, 104 (2): 459-494.

[149] Koopman R., Wang Z., Wei S. J. Estimating Domestic Content in

Exports When Processing Trade is Pervasive [J]. *Development Economics*, 2012, 99 (1): 178 – 189.

[150] Lee J., Gereffi G. Global value chains, rising power firms and economic and social upgrading [J]. *Social Science Electronic Publishing*, 2015, 11 (3/4): 319 – 339.

[151] López A. B. *Effectiveness and Pertinence of Public – Private Partnerships to Promote Regional Competitiveness at the Level of Value Chain: The Case of Colombia* [M]. Local Governance, Economic Development and Institutions. Palgrave Macmillan UK, 2016.

[152] Lutfullin R. Y. Advanced Technologies of Processing Titanium Alloys and Their Applications in Industry [J]. *Reviews on Advanced Materials Science*, 2011, 26 (1): 68 – 82.

[153] Lu Y., Shi H., Luo W., et al. Productivity, financial constraints, and firms' global value chain participation: Evidence from China [J]. *Economic Modelling*, 2018.

[154] Milberg W., Winkler D. E. Trade Crisis and Recovery: Restructuring of Global Value Chains [J]. *Policy Research Working Paper*, 2010.

[155] Mudambi R., Puck J. A Global Value Chain Analysis of the "Regional Strategy" Perspective [J]. *Journal of Management Studies*, 2016, 1999 (6): 53 – 54.

[156] Niemack A., Weber F. Konvergenz: Chancen und Risiken [J]. *Comtec*, 2005, 2: 6 – 8.

[157] Nieto M., Lopéz F., Cruz F. Performance analysis of technology using the S curve model: the case of digital signal processing (DSP) technologies [J]. *Technovation*, 1998, 18 (6): 439 – 457.

[158] No H. J., Park Y. Trajectory patterns of technology fusion: Trend analysis and taxonomical grouping in nanobiotechnology [J]. *Technological Fore-*

casting and Social Change, 2010, 77 (1): 63 – 75.

[159] OECD. Telecommunications and broadcasting: Convergence or collision? [R]. Report, Organisation for Economic Co-operation and Development, 1992.

[160] Ohashi H. Learning by doing export subsidies, and industry growth: Japanese steel in the 1950s and 1960s [J]. *Journal of International Economics*, 2005, 66 (2): 297 – 323.

[161] Onwualu P. A. Agricultural Sector and National Development: Focus on Value Chain [C]. Conference of Onitsha Chamber of Commerce, 2012.

[162] Pietrobelli C., Rabellotti R. *A Sectoral Approach to Policies for Clusters and Value Chains in Latin America* [M]. High Technology, Productivity and Networks. Palgrave Macmillan UK, 2008.

[163] Porter E. *Competitive Strategy: Techniques for analyzing industries and competitors: With a new introduct* [M]. Free Press, 1980.

[164] Posner M. V. International Trade and Technology Change [J]. *Oxford Economic Papers*, 1961, 13 (3): 323 – 341.

[165] Poter E. *Competitive Advantage: Creating and Sustaining Sustaining Superior Performance* [M]. New York: Free Press, 1985.

[166] Romer P. M. Human capital and growth: Theory and evidence [C]. Carnegie-rochester Conference Series on Public Policy, 1990: 251 – 286.

[167] Routledge R. D. Estimating ecological components of diversity [J]. *Oikos*, 1984: 23 – 29.

[168] Ryu J., Byeon S. C. Technology level evaluation methodology based on the technology growth curve [J]. *Technological Forecasting and Social Change*, 2011, 78 (6): 1049 – 1059.

[169] Sadowski B. M., Dittrich K., Duysters G. M. Collaborative strategies in the event of technological discontinuities: the case of Nokia in the mobile

telecommunication industry [J]. *Small Business Economics*, 2003, 21 (2): 173 –186.

[170] Schmitz H. Local Enterprises in the Global Economy: Issues of Governance and Upgrading [J]. *Books*, 2004, 37 (2): 320 –322.

[171] Srholec M. High – Tech Exports from Developing Countries: A Symptom of Technology Spurts or Statistical Illusion? [J]. *Review of World Economics*, 2007, 143 (2): 227 –255.

[172] Suzuki J., Kodama F. Technological diversity of persistent innovators in Japan: Two case studies of large Japanese firms [J]. *Research Policy*, 2004, 33 (3): 531 –549.

[173] Tavassoli S. Innovation determinants over industry life cycle [J]. *Technological Forecasting and Social Change*, 2014.

[174] Teece D. J. Business models, business strategy and innovation [J]. *Long Range Planning*, 2010, 43 (2): 172 –194.

[175] Teece D. J. Profiting from technological innovation: Implications for integration, collaboration, licensing and public policy [J]. *Research Policy*, 1986, 15 (6): 285 –305.

[176] Theilen F. *Geschäftsmodellbasiertes Konvergenzmanagement auf dem Markt für Mobile Financial Services* [M]. Springer, 2004.

[177] Tian B. F., Chen Z. R. Entrepreneurship and Global Value Chain's Position: Effect and Mechanism [J]. *China Industrial Economics*, 2017.

[178] Tijssen R. J. W. A quantitative assessment of interdisciplinary structures in science and technology: co-classification analysis of energy research [J]. *Research Policy*, 1992, 21 (1): 27 –44.

[179] Timmer, Marcel, Bart, et al. China and the World Economy: A Global Value Chain Perspective on Exports, Incomes and Jobs [J]. *Ggdc Research Memorandum*, 2016.

[180] Vandermerwe S., Rada J. Servitization of business: adding value by adding services [J]. *European Management Journal*, 1988, 6 (4): 314 – 324.

[181] Van de Ven A. H., Garud R. *A Framework for Understanding the Emergence of New Industries* [M]. Strategic Management Research Center, University of Minnesota, 1987.

[182] Verbeke A., Kano L., Yuan W. Inside the regional multinationals: A new value chain perspective on subsidiary capabilities [J]. *International Business Review*, 2016, 25 (3): 785 – 793.

[183] Vernon R. International investment and international trade in the product cycle [J]. *The Quarterly Journal of Economics*, 1966: 190 – 207.

[184] Verspagen B., De Loo I. Technology spillovers between sectors [J]. *Technological Forecasting and Social Change*, 1999, 60 (3): 215 – 235.

[185] Von Delft S. Inter-industry innovations in terms of electric mobility: Should firms take a look outside their industry? [J]. *Journal of Business Chemistry*, 2013, 10 (2): 67 – 87.

[186] Wegberg M. Mergers and alliances in the multimedia market [R]. 1995.

[187] Wirtz B. W. Convergence processes, value constellations and integration strategies in the multimedia business [J]. *International Journal on Media Management*, 1999, 1 (1): 14 – 22.

[188] Wu B., Wan Z., Levinthal D. A. Complementary assets as pipes and prisms: Innovation incentives and trajectory choices [J]. *Strategic Management Journal*, 2013.

[189] Xing W., Ye X., Kui L. Measuring convergence of China's ICT industry: An input-output analysis [J]. *Telecommunications Policy*, 2011, 35 (4): 301 – 313.

［190］ Yoffie D. B. *Competing in the Age of Digital Convergence* ［M］. Harvard Business Press, 1997.

［191］ Yu – Heng C., Chia – Yon C., Shun – Chung L. Technology forecasting of new clean energy: The example of hydrogen energy and fuel cell ［J］. *African Journal of Business Management*, 2010, 4 (7): 1372 – 1380.

［192］ Zhang E. S., Pei G. Y., Peng W. W., et al. Resource Integration, Value Chain Extension and Regional Economic Development——the Case of Deep-processing of Coconut in Hainan ［J］. *Humanities & Social Sciences Journal of Hainan University*, 2012.

［193］ Zhang H., Zhang Z., Sheng K., et al. The Effect of Global Value Chain Position on Manufacturing Carbon Dioxide Emission in China: A Empirical Research Based on the STIRPAT Model ［J］. *Ecological Economy*, 2018.

［194］ Zhao M., Zhong C., Business S O, et al. Research on the Driving Effect of Global Value Chain Embedding on Technology Innovation——Based on Panel Data of High-tech Industry ［J］. *Science & Technology & Economy*, 2018.